Reihe Klausurenhilfen Deutsch

Georg Büchner

Woyzeck

Vom Stichwort zum Textbaustein

Pädagogisch-didaktisches Konzept:
Günther Nieberle, Diplompädagoge, Regensburg

Mitarbeit:
Christiane Hauner, Gymnasiallehrerin für Deutsch

www.vekole.de

ISBN 978-3-9810148-5-3

Layout: Birgit Szuba, Regensburg

Inhalt

1. Aufbau und Konzeption des Arbeitsheftes

Die vorliegende Klausurenhilfe unterstützt Sie beim Erschließen des Dramenfragments *Woyzeck* von Georg Büchner. Sie strukturiert den Lernstoff, indem sie aus der Fülle der Informationen, die Sie dem Deutschunterricht, der Recherche im Internet sowie dem Studium von Lektürehilfen entnommen haben, die Gesichtspunkte herausgreift, die für die Unterrichtspraxis erfahrungsgemäß von besonderer Bedeutung sind. Diese Inhalte werden in der Form von *Textbausteinen* zu einzelnen Aspekten des Dramas erarbeitet. Sie liegen damit in einer Form vor, die ihre Verwendung in unterschiedlichen Zusammenhängen, z.B. in Leistungsüberprüfungen, unterstützt.

Sie finden im Folgenden Übungsaufgaben zum Inhalt und zum historischen Hintergrund des Werkes

- zu seiner literaturgeschichtlichen Einordnung
- zur Konzeption des Dramas
- zum Menschenbild Büchners
- zur Charakterisierung der Protagonisten
- zur Erschließung von Schlüsselszenen

In der Praxis hat sich der folgende Trainingsaufbau bewährt:

- In einem ersten Arbeitsschritt ordnen Sie Ihr Vorwissen aus Unterricht und Recherche und erstellen eine Stichwortsammlung zum jeweiligen Übungsschwerpunkt, z.B. in Form einer Mindmap
- Anschließend vergleichen Sie Ihr Ergebnis mit den Vorschlägen 2.1 – 2.20 in diesem Heft: Überprüfen Sie Ihre Auswahl und Ihre Formulierungen
- Im nächsten Schritt verknüpfen Sie die einzelnen Stichwörter und erstellen einen Textbaustein zum Thema. Für den Fall, dass der im Anschluss an die Stichwörter vorgesehene Platz nicht ausreicht, finden Sie im Anhang eine Kopiervorlage zur Erstellung von Eintragungsblättern.
- Vergleichen Sie wiederum Ihr Ergebnis mit den Vorschlägen 3.1 – 3.20 im Heft

Das Training ist nun fast beendet. In einem letzten Schritt geht es nun „nur noch" darum, die erarbeiteten Bausteine in Bezug auf eine konkrete Themenstellung sinnvoll zu kombinieren. Mit einer entsprechenden Musterlösung schließt die Klausurenhilfe.

2. Vom Stichwort zum Textbaustein

2.1 Inhalt des Dramas

- Die Titelfigur Franz Woyzeck ist ein armer Soldat
- Woyzeck dient dem Hauptmann als Laufbursche
- Er möchte Freundin Marie und das gemeinsame uneheliche Kind unterstützen
- Woyzeck nimmt am Versuch eines Arztes (Figur „Doktor") teil, um zusätzlich Geld zu verdienen
- Er darf sich im Rahmen des medizinischen Experiments nur von Hülsenfrüchten ernähren
- Hauptmann und Doktor nutzen Woyzeck aus, demütigen ihn
- Marie lässt sich auf eine Affäre mit einem Tambourmajor ein
- Woyzeck beobachtet die beiden beim Tanz
- Er hört Stimmen, die ihm befehlen, Marie zu töten
- Woyzeck kauft sich ein Messer, lockt Marie in den Wald, ersticht sie

Erstellen Sie einen Textbaustein zum Inhalt des Dramenfragments:

....

....

....

....

....

....

....

....

....

....

....

....

2.2 *Literaturgeschichtlicher Hintergrund*

- Eine eindeutige Epochenzuordnung des Dramenfragments ist problematisch
- Es trägt Merkmale des Vormärz: Abkehr von klassischen und romantischen Leitbildern und Hinwendung zu politischen und historischen Zusammenhängen. Vormärz: 1815 (Wiener Kongress) – 1848 (Märzrevolution in Deutschland): Kampf um Freiheitsrechte, Abschaffung der Pressezensur, Streben nach nationaler Einheit
- Merkmale des Realismus im Woyzeck sind die Darstellung der gesellschaftlichen Realität und das Interesse an psychischen Hintergründen des Handelns
- Büchners Woyzeck erlangte literaturgeschichtliche Bedeutung als Sozialdrama: Woyzecks Leben ist geprägt von den politischen und gesellschaftlichen Strukturen des 18. Jahrhunderts, von sozialen Zwängen
- Deterministische Sichtweise Büchners im Gegensatz zur klassischen Sicht: Soziale Vorbestimmtheit von Woyzecks Schicksal, keine Willensfreiheit
- Einflüsse des „Jungen Deutschland", einer durch die Zensurbehörde verbotenen Gruppe von Schriftstellern, zu der auch die Autoren Heinrich Heine und Ludwig Börne gehörten: Sie betonen die zeitkritische Funktion von Literatur
- Elias Canetti bewertet das Dramenfragment Woyzeck als den *„vollkommensten Umsturz in der Literatur ....: die Entdeckung des Geringen."* (Rede zur Verleihung des Büchner-Preises 1972)

Erstellen Sie einen Textbaustein zur literaturgeschichtlichen Bedeutung des Dramenfragments:

....

....

....

....

....

....

....

....

....

....

....

....

....

....

....

....

....

....

2.3 Quellen und historischer Hintergrund

- Hauptquelle Büchners ist der Fall des Leipziger Friseurs Woyzeck
- 1821 ersticht der Friseur Johann Christian Woyzeck seine Geliebte, die Witwe Woost
- Ein psychologisches Gutachten des Medizinprofessors Clarus stellt die „volle Zurechnungsfähigkeit“ Woyzecks fest
- Gegengutachten, die auf Sinnestäuschungen und Wahnvorstellungen hinweisen, finden im Gerichtsurteil keine Berücksichtigung
- Büchner studiert weitere Kriminalfälle seiner Zeit, die in der Zeitschrift *Henkes Zeitschrift für die Staatsarzneikunde* beschrieben werden
- Wesenszüge und Lebensbedingungen, die Büchner vom historischen „Woyzeck“ übernimmt: Verfolgungswahn, Halluzinationen, Eifersucht als Mordmotiv, Geldnot, Demütigungen durch die Umwelt

Erstellen Sie einen Textbaustein zu den Quellen und zum historischen Hintergrund des Werkes:

....

....

....

....

....

....

....

2.4 Charakterisierung Woyzeck

- Woyzeck ist Soldat, Laufbursche eines Hauptmanns, unverheiratet, hat ein mittleres Alter, spricht eine einfache Sprache
- Er gehört der Unterschicht an, ist befreundet mit Andres, einem Soldaten gleichen Ranges, liiert mit Marie, hat mit ihr ein Kind
- Um einen Zusatzverdienst zu erzielen, unterzieht er sich einer „Erbsendiät", dem medizinischen Experiment eines Militärarztes („Doktor"), das die Auswirkungen von Mangelernährung auf die Tauglichkeit von Soldaten ermitteln soll
- Woyzeck ist durch die Mangelernährung geschwächt, leidet an Halluzinationen, hört Stimmen
- Woyzeck ist psychisch labil, hektisch, innerlich unruhig
- Woyzecks soziales Ansehen ist gering, v.a. seine Vorgesetzten machen sich über ihn lustig
- Als Marie ein Verhältnis mit dem Tambourmajor eingeht, reagiert er mit Eifersucht
- Unter dem Einfluss seiner Wahnvorstellungen und der Demütigungen, denen er ausgesetzt ist, ersticht er Marie

Erstellen Sie einen Textbaustein zur Charakterisierung Franz Woyzecks:

....

....

....

....

....

....

....

....

....

....

....

....

....

....

2.5 Charakterisierung Marie

- Marie ist Woyzecks Lebensgefährtin, hat mit ihm ein Kind
- Sie ist schön, jung, unverheiratet
- Sie lebt in einfachen sozialen Verhältnissen, ist eitel und empfänglich für Geschenke von Verehrern
- Marie träumt vom gesellschaftlichen Aufstieg, lässt sich auf eine Affäre mit dem Tambourmajor ein
- Sie reflektiert ihre Stellung und ihr durch die Umwelt infrage gestelltes Ansehen; sie bezeichnet ihren Sohn als „Hurenkind“, rechtfertigt sich diesbezüglich vor ihrer Nachbarin Margreth
- Marie steht zwar zu Woyzeck, empfindet für ihn aber eher Mitleid als Liebe
- Wegen ihrer Beziehung mit dem Tambourmajor hat sie ein schlechtes Gewissen
- Marie ist wie Woyzeck eher Opfer ihrer sozialen Lage denn autonom Handelnde

Erstellen Sie einen Textbaustein zur Charakterisierung Maries:

2.6 *Charakterisierung Hauptmann und Doktor*

- Hauptmann und Doktor werden nicht vorrangig als Individuen dargestellt, haben im Stück keine Namen
- Sie sind Repräsentanten der oberen Gesellschaftsschichten, von der Obrigkeit hervorgebrachte „Typen", deren Eigenschaften eher für die Unmenschlichkeit des politischen Systems stehen statt reale Menschen zu charakterisieren
- Der Hauptmann
  - ist ein selbstzufriedener Müßiggänger
  - findet Befriedigung in der Demütigung Woyzecks
  - verrät Woyzeck Maries Affäre mit dem Tambourmajor (9. Szene)

- Der Doktor
  - ist ein arroganter, gewissenloser Wissenschaftler
  - trägt durch die „*Erbsendiät*“ Schuld an Woyzecks geistigem Zustand
  - setzt sich über das Leid der Patienten hinweg, prognostiziert z. B. dem Hauptmann einen Schlaganfall, den er für „*die unsterblichsten Experimente*“ nutzen will
  - verwendet unverständliche medizinische Begriffe, um seine Überlegenheit zu demonstrieren

Erstellen Sie einen Textbaustein zur Charakterisierung des Hauptmanns und des Doktors:

2.7 Determinismus versus Willensfreiheit

- Büchners Auffassung über Freiheit und Moral steht im Gegensatz zum Idealismus der Klassik, die den Menschen durch Darstellung tugendhafter Handlungen belehren möchte
- Büchner: *„Der Dichter ist kein Lehrer der Moral"* (Brief an die Familie, 28. Juli 1835); er möchte *„Menschen von Fleisch und Blut"* (ebd.) auf die Bühne bringen
- Grundannahme des Idealismus: Der Mensch hat Willensfreiheit; er schafft seine Verhältnisse selbst
- Büchner stellt mit der Titelfigur seines sozialen Dramas einen literaturgeschichtlich neuartigen Protagonistentyp vor
- Franz Woyzecks Handlungen sind Resultat innerer und äußerer Einflüsse
- Innere Determinanten: Halluzinationen, Wahnvorstellungen, Unruhe
- Äußere, soziale Determinanten: Ausbeutung, Repression, menschenverachtendes Verhalten der Umwelt , v.a. des Hauptmanns und Doktors
- Willensfreiheit als Grundlage einer rechtlichen oder moralischen Schuld Woyzecks existiert angesichts seiner sozialen Lage für Woyzeck nicht
- Schlüsselaussage Woyzecks zum Verhältnis Freiheit und Notwendigkeit: *„...wir gemeinen Leut, das hat keine Tugend, es kommt einem nur so die Natur, ..."* (Szene 6)
- *„...und hab sonst nichts auf der Welt"* (9. Szene) Liebe zu Marie als Kompensation der Trostlosigkeit des Lebens; Verlustangst, Eifersuchtsgefühle sind *Auslöser* der Katastrophe, nicht ihre Ursache

Erstellen Sie einen Textbaustein zum Freiheitsbegriff Büchners:

....

....

....

....

....

....

....

....

2.8 Aspekte des Menschenbildes Büchners

- Büchner sieht die soziale Lage, nicht die Sittlichkeit als bestimmend für die Handlungen der Menschen: *„Ich verachte Niemanden, am wenigsten wegen seines Verstandes oder seiner Bildung, weil es in Niemands Gewalt liegt, kein Dummkopf oder kein Verbrecher zu werden, – weil wir durch gleiche Umstände wohl Alle gleich würden, und weil die Umstände außer uns liegen."* (An die Familie, Februar 1834)
- Er nimmt Partei für die Benachteiligten der Gesellschaft: *„Der Haß ist so gut erlaubt als die Liebe, und ich hege ihn im vollsten Maße gegen die, welche verachten."* (Brief an die Familie, Februar 1834)
- Um die Macht der gesellschaftlichen Strukturen zu betonen, gibt Büchner nur den Unterdrückten Eigennamen; die Herrschenden bleiben anonym
- Absetzung von der klassischen Kunstauffassung mit ihrer Darstellung von Idealen; Wiedergabe der Wirklichkeit als Aufgabe der Kunst: *„Man muß die Menschheit lieben, um in das eigentümliche Wesen jedes einzudringen, es darf einem keiner zu gering, keiner zu häßlich sein, erst dann kann man sie verstehen; .."* (Lenz, 1. Kapitel)
- Durch Studium der Französischen Revolution kommt Büchner zu einer illusionslosen Geschichtsauffassung, sieht kaum Gestaltungsmöglichkeiten durch den Menschen: *„Ich fühlte mich wie zernichtet unter dem gräßlichen Fatalismus der Geschichte. ... Der Einzelne nur Schaum auf der Welle, die Größe ein bloßer Zufall, die Herrschaft des Genies ein Puppenspiel, ein lächerliches Ringen gegen ein ehernes Gesetz..."* (Brief an die Braut, März 1834)

Erstellen Sie einen Textbaustein zum Menschenbild Georg Büchners:

2.9 *Dramenkonzeption: Woyzeck als „offenes" Drama*

- Die Begriffe *„offenes"* und *„geschlossenes"* Drama wurden geprägt durch den Literaturwissenschaftler *Volker Klotz* (1960)
- Merkmale der geschlossenen Dramenform:
  - Orientierung am klassischen, aristotelischen Modell des Dramas
  - Einheit von Ort, Zeit und Handlung (Beispiel: Goethes *Iphigenie auf Tauris*)
  - Innerer Zusammenhang der Handlungseinheiten mit festgelegter Szenenfolge
  - Handlung spielt in relativ kurzem Zeitraum (oft innerhalb von 24 Stunden)
  - Keine für das dramatische Geschehen bedeutsamen Ortswechsel
  - Handelnde Personen gehören demselben gesellschaftlichen Stand an (Ständeklausel), sprechen daher in gehobener Sprache

- Merkmale der offenen Dramenform des „Woyzeck“
  - Mehrere relativ autonome Handlungsstränge, z.B. Verhältnis Woyzeck zu Marie, Ethos der Wissenschaft (Experiment des Doktors)
  - Szenenanordnung nicht zwingend festgelegt
  - Zeitliche Anordnung der Handlungsepisoden im „Woyzeck“ unklar und von nachrangiger Bedeutung
  - Häufig wechselnde Handlungsschauplätze, z.B. Feld, Stadt, Wirtshaus, Mariens Kammer, u.v.m.
  - Personen gehören verschiedenen gesellschaftlichen Schichten bzw. Klassen an; dadurch unterschiedliche Sprachebenen

Erstellen Sie einen Textbaustein zur Dramenkonzeption, die Büchners Woyzeck zugrunde liegt:

2.10 *Die Sprache Franz Woyzecks*

- Zwei Sprachstile finden sich im Dramenfragment
- Abhängig vom sozialen Stand sprechen die Personen im *„Restringierten Code"* der Unterschicht (Woyzeck, Marie, Andres) oder im *„Elaborierten Code"* der Oberschicht (Hauptmann, Doktor, vgl. 1.12)
- Die Sprache Franz Woyzecks ist einfach, die Sprache des Volkes
- Allgemeine Merkmale: Dialekteinflüsse, Umgangssprache, einfacher, parataktischer Satzbau, Ellipsen
- Woyzeck verwendet selten Adjektive und abstrakte Nomen
- Situativ häufen sich Brüche im Satzbau, auch Verkürzungen und grammatikalische Abweichungen
- Im Zusammenhang mit Halluzinationen kommen religiös geprägte Wendungen vor
- Woyzecks Gemütszustand spiegelt sich in seiner Sprache wider

Erstellen Sie einen Textbaustein zur Sprache Franz Woyzecks:

2.11 *Die Sprache des Doktors und des Hauptmanns*

- Als Angehörige der oberen Schichten sprechen Doktor und Hauptmann in gehobener Sprache („*Elaborierter Code*")
- Sie verwenden grammatikalisch weitgehend korrektes Hochdeutsch
- Vorherrschen hypotaktischer Strukturen; außerdem Befehle, Aufforderungen, Vorwürfe
- Längere zusammenhängende Redeteile, bis hin zu Monologen
- Der Doktor verwendet Fachsprache, Fremdwörter, teilweise bewusst so gewählt, dass die Begriffe für seine Gesprächspartner unverständlich sind
- Der Hauptmann sucht durch redundantes, arrogantes Sprechen von oben herab zu beeindrucken

Erstellen Sie einen Textbaustein zur Sprache des Doktors und des Hauptmanns:

2.12 *Das Märchen der Großmutter*

- In Szene 19 erzählt die Großmutter den Kindern ein Märchen
- Das Märchen weist Ähnlichkeiten mit dem Märchen *„Die Sterntaler"* der *Gebrüder Grimm* auf
- Inhalt „Sternthaler": Ein armes Waisenmädchen verschenkt sein letztes Brot und die Kleidung, die es am Leib trägt, an Arme. Seine Selbstlosigkeit wird ihm mit Talern, die vom Himmel fallen, und mit neuer, feiner Kleidung entgolten
- Das Kind im *Grimm'schen* Märchen wird für Tugend belohnt; das Märchen hat ein glückliches Ende
- Das Märchen der Großmutter im *Woyzeck* handelt ebenfalls von einem Waisenmädchen, das aber auf seiner Wanderung nur Enttäuschungen erlebt: Sonne, Mond, Sterne, Erde bieten keinen Schutz, nur Trostlosigkeit
- Die Hoffnung auf Instanzen, welche Harmonie spenden sollen, wird als Trugschluss entlarvt, das Kind bleibt in der Welt verloren
- Für das Kind im Märchen der Großmutter hält die Welt am Ende nur Elend und Einsamkeit bereit, wie auch für das Kind Woyzecks und Maries

Erstellen Sie einen Textbaustein zur Bedeutung des Märchens der Großmutter in *Woyzeck*:

....

....

....

....

....

....

....

....

....

....

....

....

....

2.13 Szene 4, Inhalt

Mariens Kammer

Marie sitzt, ihr Kind auf dem Schoß, ein Stückchen Spiegel in der Hand

Marie: *(bespiegelt sich)*: Was die Steine glänzen! Was sind's für? Was hat er gesagt? – Schlaf, Bub! Drück die Augen zu, fest *(Das Kind versteckt die Augen hinter den Händen)*, noch fester, bleib so – still, oder er holt dich! *(Singt:)*

Mädel, mach's Ladel zu
,s kommt e Zigeunerbu,
führt dich an deiner Hand
fort ins Zigeunerland.

(Spiegelt sich wieder) ,s ist gewiss Gold! Unsereins hat nur ein Eckchen in der Welt und ein Stück Spiegel, und doch hab ich ein' so roten Mund als die großen Madamen mit ihren Spiegeln von oben bis unten und ihren schönen Herrn, die ihnen die Händ küssen. Ich bin nur ein arm Weibsbild! *(Das Kind richtet sich auf)* Still, Bub, die Augen zu, das Schlafengelchen! Wie's an der Wand läuft. *(Sie blinkt mit dem Glas)* Die Auge zu, oder es sieht dir hinein, dass du blind wirst!

(Woyzeck tritt herein, hinter sie. Sie fährt auf, mit den Händen nach den Ohren.)

Woyzeck: Was hast du?

Marie: Nix.

Woyzeck: Unter deinen Fingern glänzt's ja.

Marie: Ein Ohrringlein; hab's gefunden.

Woyzeck: Ich hab' so noch nix gefunden, zwei auf einmal!

Marie: Bin ich ein Mensch?

Woyzeck: ,s ist gut, Marie. – Was der Bub schläft! Greif ihm unters Ärmchen, der Stuhl drückt ihn. Die hellen Tropfen steh'n ihm auf der Stirn; alles Arbeit unter der Sonn, sogar Schweiß im Schlaf. Wir arme Leut! – Da ist wieder Geld, Marie; die Löhnung und was von mein'm Hauptmann.

Marie: Gott vergelt's, Franz.

Woyzeck: Ich muss fort. Heut Abend, Marie! Adies!

Marie *(allein, nach einer Pause)***:** Ich bin doch ein schlecht Mensch! Ich könnt' mich erstechen. – Ach, was Welt? Geht doch alles zum Teufel, Mann und Weib!

Fassen Sie den Inhalt von Szene 4 für die anschließende Interpretation zusammen:

....

....

....

....

....

....

....

....

....

....

....

....

....

....

....

....

....

2.14 *Szene 4, Interpretation*

- Gliederung der Szene in drei Teile: Maries Selbstgespräch, dazwischen kurze, an ihr Kind gerichtete Aufforderungen und ein Lied - Dialog mit Woyzeck - Selbstgespräch Maries
- An ihr Kind gerichtete Drohungen als Ausdruck von Maries Hilflosigkeit in ihrer Mutterrolle
- Hinweise auf Armut: Marie hat lediglich ein Spiegel*stückchen* -Marie: ...*„bin nur ein arm Weibsbild."*- Woyzeck: *„Wir arme Leut!"*
- Woyzecks Klage über Last der Arbeit: *„alles Arbeit unter der Sonn, ..."*

- Eitelkeit Maries vermischt mit Neid gegen sozial höher Stehende: *„ ...und doch hab ich einen so roten Mund als die großen Madamen ... .“*
- Sehnsucht nach Materiellem (Bewunderung der Schmuckstücke): *„‚s ist gewiss Gold!“*
- Lied als Ausdruck ihrer Sehnsucht nach Veränderung, gleichzeitig Ungewissheit der Zukunft in einem *„Zigeunerland“*
- Aufkommendes Misstrauen Woyzecks angesichts der Ohrringe; Woyzeck lässt sich (noch) beschwichtigen
- Fürsorglichkeit Woyzecks: (Anteilnahme an Wohl des Kindes, Übergabe von „Haushaltsgeld“)
- Selbstzweifel Maries wegen ihrer Beziehung zum Tambourmajor
- Frage an Woyzeck *„Bin ich ein Mensch?“* (d.h. eine Hure) und später: *„Ich bin doch ein schlecht Mensch. Ich könnt‘ mich erstechen.“*

Interpretieren Sie Szene 4 aus Georg Büchners *Woyzeck*:

....

....

....

....

....

....

....

....

....

....

....

....

....

....

....

....

2.15 *Szene 5, Inhalt*

Beim Hauptmann

Der Hauptmann. Woyzeck

Hauptmann auf dem Stuhl, Woyzeck rasiert ihn.

Hauptmann: Langsam, Woyzeck, langsam; eins nach dem andern! Er macht mir ganz schwindlig. Was soll ich dann mit den zehn Minuten anfangen, die er heut zu früh fertig wird? Woyzeck, bedenk' er, er hat noch seine schöne dreißig Jahr zu leben, dreißig Jahr! Macht dreihundertsechzig Monate, und Tage, Stunden, Minuten! Was will er denn mit der ungeheuren Zeit all anfangen? Teil' er sich ein, Woyzeck!

Woyzeck: Jawohl, Herr Hauptmann.

Hauptmann: Es wird mir ganz angst um die Welt, wenn ich an die Ewigkeit denke. Beschäftigung, Woyzeck, Beschäftigung! Ewig: das ist ewig, das ist ewig – das siehst du ein; nur ist es aber wieder nicht ewig, und das ist ein Augenblick, ja ein Augenblick – Woyzeck, es schaudert mich, wenn ich denke, dass sich die Welt in einem Tag herumdreht. Was ‚n Zeitverschwendung! Wo soll das hinaus? Woyzeck, ich kann kein Mühlrad mehr sehen, oder ich werd' melancholisch.

Woyzeck: Jawohl, Herr Hauptmann.

Hauptmann: Woyzeck, Er sieht immer so verhetzt aus! Ein guter Mensch tut das nicht, ein guter Mensch, der sein gutes Gewissen hat. – Red' er doch was Woyzeck! Was ist heut für Wetter?

Woyzeck: Schlimm, Herr Hauptmann, schlimm: Wind!

Hauptmann: Ich spür's schon. ‚s ist so was Geschwindes draußen; so ein Wind macht mir den Effekt wie eine Maus. – *(Pfiffig.)* Ich glaub', wir haben so was aus Süd-Nord?

Woyzeck: Jawohl, Herr Hauptmann.

Hauptmann: Ha! Ha! Ha! Süd-Nord! Ha! Ha! Ha! Oh, er ist dumm, ganz abscheulich dumm! *(Gerührt)* Woyzeck, Er ist ein guter Mensch – aber – *(mit Würde)* Woyzeck, er hat keine Moral! Moral, das ist, wenn man moralisch ist, versteht er. Es ist ein gutes Wort. Er hat ein Kind ohne den Segen der Kirche, wie unser hochehrwürdiger Herr Garnisonsprediger sagt – ohne den Segen der Kirche, es ist nicht von mir.

Woyzeck: Herr Hauptmann, der liebe Gott wird den armen Wurm nicht drum ansehen, ob das Amen drüber gesagt ist, eh er gemacht wurde. Der Herr sprach: lasset die Kleinen zu mir kommen.

Hauptmann: Was sagt er da? Was ist das für eine kuriose Antwort? Er macht mich ganz konfus mit seiner Antwort. Wenn ich sag': er, so mein' ich ihn, ihn.

Woyzeck: Wir arme Leut. Sehn Sie, Herr Hauptmann: Geld, Geld! Wer kein Geld hat. Da setz einmal eines seinesgleichen auf die Moral in der Welt! Man hat auch sein Fleisch und Blut. Unsereins ist doch einmal unselig in der und der andern Welt. Ich glaub', wenn wir in Himmel kämen, so müssten wir donnern helfen.

Hauptmann: Woyzeck, Er hat keine Tugend! Er ist kein tugendhafter Mensch! Fleisch und Blut? Wenn ich am Fenster lieg', wenn's geregnet hat, und den weißen Strümpfen nachseh', wie sie über die Gassen springen – verdammt, Woyzeck, da kommt mir die Liebe! Ich hab' auch Fleisch und Blut. Aber, Woyzeck, die Tugend! Die Tugend! Wie sollte ich dann die Zeit rumbringen? Ich sag' mir immer: du bist ein tugendhafter Mensch – gerührt: –, ein guter Mensch, ein guter Mensch.

Woyzeck: Ja, Herr Hauptmann, die Tugend! Ich hab's noch nit so aus. Sehn Sie: wir gemeinen Leut, das hat keine Tugend, es kommt nur so die Natur; aber wenn ich ein Herr wär und hätt' ein' Hut und eine Uhr und eine Anglaise und könnt' vornehm reden, ich wollt' schon tugendhaft sein. Es muss was Schönes sein um die Tugend, Herr Hauptmann. Aber ich bin ein armer Kerl!

Hauptmann: Gut, Woyzeck. Du bist ein guter Mensch, ein guter Mensch. Aber du denkst zu viel, das zehrt; du siehst immer so verhetzt aus. – Der Diskurs hat mich ganz angegriffen. Geh' jetzt, und renn nicht so; langsam, hübsch langsam die Straße hinunter!

Fassen Sie den Inhalt von Szene 5 für die anschließende Interpretation zusammen:

....

....

....

....

....

....

....

....

....

....

....

....

....

....

....

2.16 *Szene 5, Interpretation*

- Woyzeck rasiert den Hauptmann, seinen Vorgesetzten, in dessen Räumen
- Zwei Weltanschauungen treffen aufeinander: Gesellschaftlich funktionalisierte Moral des Hauptmanns versus armutsbedingte Amoralität Woyzecks
- Der Dialog ist geprägt durch die gesellschaftliche Position der beiden Beteiligten, die Hierarchie zwischen Hauptmann und Woyzeck wird vielfach deutlich:
  - in Redeanteilen: Hauptmann monologisiert über weite Strecken; Woyzeck spricht wenig, bestätigt lediglich die Aussagen des Hauptmanns
  - in der Sprechweise: Hauptmann ist geschwätzig, spricht arrogant; Woyzeck floskelhaft, lakonisch
  - in der Stimmung: Hauptmann entspannt, hat viel Zeit, wirkt gelangweilt; Woyzeck gehetzt, wirkt bedrückt
- Witz des Hauptmanns vom Wind aus „Süd-Nord" auf Kosten Woyzecks, um diesen als *„dumm"* vorzuführen
- Rede von sittlichen Werten wird als tautologisch-hohl entlarvt, wenn der Hauptmann sagt: *„Moral das ist wenn man moralisch ist."*
- Kernthema der Szene ist die Frage, ob moralische Werte universell sind oder durch die gesellschaftliche Position geprägt werden
- Hier bekommt Woyzeck größere Redeanteile als zuvor; seine Syntax wird komplexer
- Woyzeck verweist als Beleg für die *natürliche* Gleichheit der Menschen auf die Bibel: *„Der Herr sprach: lasset die Kindlein zu mir kommen."*
- Woyzecks Position zur Moral: Moralisches Handeln wird durch materielle Not verunmöglicht. *„Sehn Sie wir gemeinen Leut, das hat keine Tugend, ..., wenn ich ein Herr wär', ..., ich wollt schon tugendhaft sein."*
- Unmöglichkeit moralischen Handelns angesichts der sozialen Lage: *„Unsereins ist doch einmal unselig in der und der andern Welt, ich glaub', wenn wir in den Himmel kämen, müssten wir donnern helfen."*
- In der Szene lässt Büchner seinen Protagonisten Franz Woyzeck die Kernaussage des Dramas aussprechen: Alles Handeln wird durch die politisch-soziale Lage bestimmt; moralische Autonomie ist unmöglich

Interpretieren Sie Szene 5 aus Georg Büchners Woyzeck:

....

....

....

....

....

....

....

....

....

....

....

....

....

....

2.17 Szene 8, Inhalt

Beim Doktor

Woyzeck. Der Doktor.

Doktor: Was erleb' ich, Woyzeck? Ein Mann von Wort!

Woyzeck: Was denn, Herr Doktor?

Doktor: Ich hab's gesehn, Woyzeck; er hat auf die Straß gepisst, an die Wand gepisst, wie ein Hund. – Und doch drei Groschen täglich und die Kost! Woyzeck, das ist schlecht; die Welt wird schlecht, sehr schlecht!

Woyzeck: Aber, Herr Doktor, wenn einem die Natur kommt.

Doktor: Die Natur kommt, die Natur kommt! Die Natur! Hab' ich nicht nachgewiesen, dass der Musculus constrictor vesicae dem Willen unterworfen ist? Die Natur! Woyzeck, der Mensch ist frei, in dem Menschen verklärt sich die Individualität zur Freiheit. – Den Harn nicht halten können! – *Schüttelt den Kopf, legt die Hände auf den Rücken und geht auf und ab.* – Hat Er schon seine Erbsen gegessen, Woyzeck? Nichts als Erbsen, cruciferae, merk Er sich's! Es gibt eine Revolution in der Wissenschaft, ich sprenge sie in die Luft. Harnstoff 0,10, salzsaures Ammonium, Hyperoxydul – Woyzeck, muss Er nicht wieder pissen? Geh Er einmal hinein und probier Er's!

Woyzeck: Ich kann nit, Herr Doktor.

Doktor *mit Affekt:* Aber an die Wand pissen! Ich hab's schriftlich, den Akkord in der Hand! – Ich hab's gesehen, mit diesen Augen gesehen; ich steckt' grade die Nase zum Fenster hinaus und ließ die Sonnenstrahlen hineinfallen, um das Niesen zu beobachten. – *Tritt auf ihn los:* Nein, Woyzeck, ich ärgre mich nicht; Ärger ist ungesund, ist unwissenschaftlich. Ich bin ruhig, ganz ruhig; mein Puls hat seine gewöhnlichen sechzig, und ich sag's Ihm mit der größten Kaltblütigkeit. Behüte, wer wird sich über einen Menschen ärgern, einen Menschen! Wenn es noch ein Proteus wäre, der einem krepiert! Aber, Woyzeck, Er hätte nicht an die Wand pissen sollen –

Woyzeck: Sehn Sie, Herr Doktor, manchmal hat einer so ‚nen Charakter, so ‚ne Struktur. – Aber mit der Natur ist's was anders, sehn Sie; mit der Natur – *er kracht mit den Fingern* –, das is so was, wie soll ich sagen, zum Beispiel ...

Doktor: Woyzeck, Er philosophiert wieder.

Woyzeck *vertraulich*: Herr Doktor, haben Sie schon was von der doppelten Natur gesehn? Wenn die Sonn in Mittag steht und es ist, als ging' die Welt in Feuer auf, hat schon eine fürchterliche Stimme zu mir geredt!

Doktor: Woyzeck, Er hat eine Aberratio.

Woyzeck *legt den Finger an die Nase:* Die Schwämme, Herr Doktor, da, da steckt's. Haben Sie schon gesehn, in was für Figuren die Schwämme auf dem Boden wachsen? Wer das lesen könnt!

Doktor: Woyzeck, Er hat die schönste Aberratio mentalis partialis, die zweite Spezies, sehr schön ausgeprägt. Woyzeck, Er kriegt Zulage! Zweite Spezies: fixe Idee mit allgemein vernünftigem Zustand. – Er tut noch alles wie sonst? Rasiert seinen Hauptmann?

Woyzeck: Jawohl.

Doktor: Isst seine Erbsen?

Woyzeck: Immer ordentlich, Herr Doktor. Das Geld für die Menage kriegt meine Frau.

Doktor: Tut seinen Dienst?

Woyzeck: Jawohl.

Doktor: Er ist ein interessanter Kasus. Subjekt Woyzeck, Er kriegt Zulage, halt Er sich brav. Zeig Er seinen Puls. Ja.

Fassen Sie den Inhalt von Szene 8 für die anschließende Interpretation zusammen:

2.18 *Szene 8, Interpretation*

- Der Doktor und Woyzeck repräsentieren zwei soziale Klassen: die Herrschenden und die Unterdrückten
- Der Doktor „beherrscht" Woyzeck durch den Vertrag, ist ihm sprachlich und fachlich überlegen (medizinisches Wissen, Verwendung von Fremdwörtern)
- Er fühlt sich im Recht, den sozial Unterlegenen zu demütigen und dessen Gesundheit zu zerstören (Erbsendiät)
- Er rechtfertigt dies mit der Idee des freien Willens
- Woyzeck ist lediglich Versuchsobjekt für seine medizinischen Forschungen
- Haltung des Doktors: rational, inhuman, egoistisch, arrogant

- Woyzeck kann sich weder seinen natürlichen Bedürfnissen noch dem Doktor widersetzen
- Woyzeck leidet körperlich und seelisch unter dem medizinischen Experiment, war aber durch materielle Not gezwungen, den Vertrag zu schließen
- Er kann sich auch sprachlich nicht hinreichend ausdrücken („doppelte Natur")
- Situation: „Opfer" der sozialen Verhältnisse, abhängig von „Natur" und Gesellschaft, hilf- und machtlos

Interpretieren Sie Szene 8:

2.19 Szene 9, Inhalt

Straße

Hauptmann. Doktor.

Hauptmann keucht die Straße herunter, hält an; keucht, sieht sich um.

Hauptmann: Herr Doktor, die Pferde machen mir ganz Angst; wenn ich denke, dass die armen Bestien zu Fuß gehen müssen. Rennen Sie nicht so! Rudern Sie mit Ihrem Stock nicht so in der Luft! Sie hetzen sich ja hinter dem Tod drein. Ein guter Mensch, der sein gutes Gewissen hat, geht nicht so schnell. Ein guter Mensch – *Er erwischt den Doktor am Rock:* Herr Doktor, erlauben Sie, dass ich ein Menschenleben rette, sie schießen Herr Doktor, ich bin so schwermütig, ich habe so was Schwärmerisches; ich muss immer weinen, wenn ich meinen Rock an der Wand hängen sehe, da hängt er.

Doktor: Hm! Aufgedunsen, fett, dicker Hals: apoplektische Konstitution. Ja, Herr Hauptmann, Sie können eine Apoplexia cerebri kriegen; Sie können sie aber vielleicht auch nur auf der einen Seite bekommen und auf der einen gelähmt sein, oder aber Sie können im besten Fall geistig gelähmt werden und nur fortvegetieren: das sind so ohngefähr Ihre Aussichten auf die nächsten vier Wochen! Übrigens kann ich Sie versichern, dass Sie einen von den interessanten Fällen ab-geben, und wenn Gott will, dass Ihre Zunge zum Teil gelähmt wird, so machen wir unsterbliche Experimente.

Hauptmann: Herr Doktor, erschrecken Sie mich nicht! Es sind schon Leute am Schreck gestorben, am bloßen hellen Schreck. – Ich sehe schon die Leute mit den Zitronen in den Händen; aber sie werden sagen, er war ein guter Mensch, ein guter Mensch – Teufel Sargnagel!

Doktor (*hält ihm den Hut hin):* Was ist das, Herr Hauptmann? – Das ist ein Hohlkopf, geehrtester Herr Exerzierzagel!

Hauptmann (*macht eine Falte):* Was ist das, Herr Doktor? – Das ist Einfalt, bester Herr Sargnagel! Hähähä! Aber nichts für ungut! Ich bin ein guter Mensch, aber ich kann auch, wenn ich will, Herr Doktor, hähähä, wenn ich will ... – *(Woyzeck kommt und will vorbeieilen)* – He, Woyzeck, was hetzt Er sich so an uns vorbei. Bleib er doch, Woyzeck! Er läuft ja wie ein offnes Rasiermesser durch die Welt, man schneidt sich an Ihm; Er läuft, als hätt er ein Regiment Kosaken zu rasieren und würde gehenkt über dem längsten Haar noch vor dem Verschwinden. Aber, über die langen Bärte – was wollt' ich doch sagen? Woyzeck: die langen Bärte ...

Doktor: Ein langer Bart unter dem Kinn, schon Plinius spricht davon, man muss es den Soldaten abgewöhnen, die, die ...

Hauptmann *fährt fort:* Ha, über die langen Bärte! Wie is, Woyzeck, hat Er noch nicht ein Haar aus einem Bart in seiner Schüssel gefunden? He, Er versteht mich doch? Ein Haar eines Menschen, vom Bart eines Sapeurs, eines Unteroffiziers, eines – eines Tambourmajors? He, Woyzeck? Aber Er hat eine brave Frau. Geht Ihm nicht wie andern.

Woyzeck: Jawohl! Was wollen Sie sagen, Herr Hauptmann?

Hauptmann: Was der Kerl ein Gesicht macht! ... Vielleicht nun auch nicht in der Suppe, aber wenn Er sich eilt und um die Eck geht, so kann er vielleicht noch auf ein Paar Lippen eins finden. Ein Paar

Lippen, Woyzeck. Kerl, Er ist ja kreideweiß!

Woyzeck: Herr Hauptmann, ich bin ein armer Teufel – und hab's sonst nichts auf der Welt. Herr Hauptmann, wenn Sie Spaß machen –

Hauptmann: Spaß ich? Dass dich Spaß, Kerl!

Doktor: Den Puls, Woyzeck, den Puls! – Klein, hart, hüpfend, unregelmäßig.

Woyzeck: Herr Hauptmann, die Erd is höllenheiß – mir eiskalt, eiskalt – Die Hölle is kalt, wollen wir wetten. – – Unmöglich! Mensch! Mensch! Unmöglich!

Hauptmann: Kerl, will Er – will Er ein paar Kugeln vor den Kopf haben? Er ersticht mich mit seinen Augen, und ich mein' es gut mit Ihm, weil Er ein guter Mensch ist, Woyzeck, ein guter Mensch.

Doktor: Gesichtsmuskeln starr, gespannt, zuweilen hüpfend. Haltung aufgeregt, gespannt.

Woyzeck: Ich geh'. Es is viel möglich. Der Mensch! Es is viel möglich. – Wir haben schön Wetter, Herr Hauptmann. Sehn Sie, so ein schöner, fester, grauer Himmel; man könnte Lust bekommen, ein' Kloben hineinzuschlagen und sich daran zu hängen, nur wegen des Gedankenstriches zwischen Ja und wieder Ja – und Nein. Herr Hauptmann, Ja und Nein? Ist das Nein am Ja oder das Ja am Nein schuld? Ich will darüber nachdenken. – *Geht mit breiten Schritten ab, erst langsamer, dann immer schneller.*

Hauptmann: Mir wird ganz schwindlig vor den Menschen. Wie schnell! Der lange Schlingel greift aus, als läuft der Schatten von einem Spinnbein, und der Kurze, das zuckelt. Der Lange ist der Blitz und der Kleine der Donner. Haha ... Grotesk! grotesk!

Interpretieren Sie Szene 9:

....

....

....

....

....

....

....

....

....

2.20 Szene 9, Interpretation

- Der erste Teil der Szene thematisiert Konflikte und Konkurrenzverhalten innerhalb der Klasse der „Herrschenden“ (Hauptmann und Doktor)
  - Der Hauptmann holt den Doktor auf der Straße ein, erzählt ihm von seiner Schwermut
  - Der Doktor analysiert ungerührt dessen körperliche Symptome, diagnostiziert eine *„apoplektische Konstitution“*, prognostiziert ihm eine geringe Lebenserwartung
  - Der Doktor sieht den Hauptmann nicht als Person, sondern als *„interessanten Fall“* der für seine ehrgeizigen Ziele von Nutzen sein kann
  - Der Hauptmann erschrickt nur kurz, zieht die Aussagen ins Lächerliche
  - Die Verabschiedung mit den herabsetzenden Spotttiteln *„Sargnagel“* und *„Exerzierzagel“* deutet auf Konflikte innerhalb der gesellschaftlichen Eliten; diese werden aber zugunsten der gemeinsam durchgeführten Verspottung Woyzecks zurückgestellt
- Der zweite Teil der Szene zeigt Woyzeck als Objekt der Unterdrückung durch die herrschenden gesellschaftlichen Eliten, repräsentiert durch Hauptmann und Doktor
  - Woyzeck wird vom Hauptmann zynisch zur Langsamkeit ermahnt
  - Dramatischer Höhepunkt der Szene ist die Aufklärung Woyzecks über das Verhältnis Maries mit dem Tambourmajor
  - Durch Woyzecks Bestürzung angestachelt treibt der Hauptmann sein boshaft-ironisches Spiel mit Andeutungen über Maries Untreue auf die Spitze
  - Woyzeck reagiert mit heftigen körperlichen Symptomen; Doktor beobachtet diese mit großem Interesse (Puls, Gesichtsmuskeln, Haltung)
  - Der Doktor nimmt Woyzeck als bloßes Experimentierobjekt wahr; fühlt sich im Recht, ihn zu demütigen

- Die Anspielungen des Hauptmanns lösen in Woyzeck Wahnvorstellungen aus *(„die Erd ist höllenheiß, mir eiskalt")*

- Funktion der Szene
  - Darstellung der Gegensätze im Verhalten der Protagonisten
  - Hauptmann und Doktor feinden sich zwar offen an und kritisieren sich gegenseitig, „verbünden" sich aber gegen den sozial Unterlegenen
  - Sowohl der Hauptmann als auch der Doktor sehen Woyzeck nicht als Individuum, sondern als Objekt
  - Dadurch wird in Woyzeck der Wahn ausgelöst, der schließlich zur Ermordung Maries führt

Erstellen Sie einen Textbaustein zum Inhalt der Szene:

3. Textbausteine zu Georg Büchners Dramenfragment „Woyzeck“

3.1 Inhalt des Dramas

Die Hauptfigur des Fragment gebliebenen Dramas „Woyzeck“ von Georg Büchner ist Franz Woyzeck, ein armer Soldat. Um seine Freundin Marie und das gemeinsame uneheliche Kind finanziell zu unterstützen, verdingt er sich als Laufbursche bei seinem Hauptmann. Letzterer lässt keine Gelegenheit aus, um Woyzeck aufgrund seiner mangelnden Bildung und seiner niederen gesellschaftlichen Stellung zu demütigen. Um seinen geringen Lohn aufzubessern, nimmt Woyzeck am medizinischen Experiment eines Militärarztes teil, der ihn als Versuchsobjekt missbraucht: Woyzeck darf sich ausschließlich von Erbsen ernähren, weil der Doktor die Auswirkungen dieser Diät auf die Gesundheit und Leistungsfähigkeit von Soldaten erforschen will.

Marie beginnt eine Affäre mit dem Tambourmajor, der Woyzeck physisch überlegen ist und ihn dies auch in der Öffentlichkeit spüren lässt. Als Woyzeck durch das Fenster des Wirtshauses beide eng umschlungen beim Tanzen beobachtet, fühlt er sich in seinem Verdacht bestätigt, dass Marie ihn hintergeht. Er glaubt, Stimmen zu hören, die ihm befehlen, die Treulose umzubringen. Nachdem er sich ein Messer besorgt hat, lockt er Marie auf einem abendlichen Spaziergang in den Wald und ersticht sie.

3.2 Literaturgeschichtliche Einordnung

Büchners Woyzeck eindeutig einer literarischen Epoche zuzuordnen erweist sich aufgrund der thematischen und formalen Modernität des Werkes als problematisch. Woyzeck ist kein Drama des traditionellen Stils, sondern ein *Sozialdrama*, in dem erstmals das Milieu der Unterschicht, der Lebenskreis *„der gemeinen Leut‘“* als Rahmen für die Handlung dient. Dass deren Leben von den politischen und gesellschaftlichen Strukturen des 19. Jahrhunderts geprägt war, zeigt Büchner am Beispiel der Figur des Franz Woyzeck, der nicht aus eigenem freien Willen handelt, sondern determiniert durch die sozialen Umstände, denen er nicht entfliehen kann, schließlich zum Mörder wird.

Mit dieser deterministischen Sichtweise sagt sich Büchner von der Kunstauffassung der klassisch-romantischen Epoche los und weist der Literatur eine gegenwartsbezogene und zeitkritische Funktion zu. Damit rückt er in die Nähe des *„Jungen Deutschland“*, einer durch die Zensurbehörde verbotenen Gruppe von Schriftstellern, zu der auch Heinrich Heine und Ludwig Börne gehörten. Diese Bewegung kündigte in den 30er Jahren des 19. Jahrhunderts, der Zeit des sogenannten *Vormärz*, das Ende der als „lebensfern“ verachteten, idealistischen Kunstperiode an, proklamierte stattdessen eine Literatur mit aktuellen, politischen Inhalten und befürwortete einen realistischen, detailgetreuen Stil.

Die Welt und damit die gesellschaftliche Wirklichkeit so zu zeigen, *„wie sie ist“* und nicht, *„wie sie sein solle“*, dies sieht Büchner als Aufgabe des Schriftstellers an (*Lenz*, 1. Kapitel). Das ist das Neue, Bahnbrechende in Büchners Dramen und einer der Gründe, warum *Elias Canetti* im Dramenfragment Woyzeck *„den vollkommensten Umsturz in der Literatur [...]: die Entdeckung des Geringen“* erkannte (Rede zur Verleihung des Büchner-Preises 1972).

3.3 Quellen und historischer Hintergrund

Als Hauptquelle diente Büchner der Fall des mittellosen Leipziger Friseurs Johann Christian Woyzeck, der am 2.6.1821 seine Geliebte, die Witwe Woost, aus Eifersucht erstach. Der Medizinprofessor Clarus fertigte für die gerichtliche Untersuchung der Tat ein psychologisches Gutachten an, in dem er Woyzeck *„volle Zurechnungsfähigkeit"* bescheinigte. Obwohl Woyzeck laut Zeugenaussagen Sinnestäuschungen gehabt und zeitweise sogar unter Wahnvorstellungen gelitten haben dürfte, wurde ein Todesurteil gefällt und vollzogen.

Da der Fall in der wissenschaftlichen Öffentlichkeit lebhafte Diskussionen über die Zurechnungsfähigkeit von Mördern entfachte, weckte er auch Büchners Interesse, der durch sein Medizinstudium mit derartigen Phänomenen von Geistesgestörtheit vertraut war. Um seiner Dramenfigur Woyzeck authentische Züge zu verleihen, studierte er neben dem Clarus-Gutachten auch weitere ähnliche Kriminalfälle seiner Zeit, die in *Henkes Zeitschrift für die Staatsarzneikunde* beschrieben wurden.

Büchner übernahm viele Wesenszüge und Lebensumstände vom historischen Woyzeck, um zu zeigen, dass Armut, psychische Störungen und die Reaktionen der Umwelt darauf in einem engen Zusammenhang stehen und letztendlich das Handeln bestimmen. Ein Leben am Existenzminimum, das Bewusstsein der eigenen Ohnmacht und Bedeutungslosigkeit in der bürgerlichen Gesellschaft sowie Demütigungen durch die Umwelt bilden die Rahmenbedingungen für das Leben des Protagonisten.

3.4 Charakterisierung Woyzecks

Der Protagonist des Dramas ist Franz Woyzeck, ein einfacher Soldat mittleren Alters, der der Unterschicht angehört. Um seinen geringen Sold aufzubessern, verdingt er sich als Laufbursche seines Hauptmanns und nimmt am medizinischen Experiment eines Militärarztes, des „Doktors", teil, demzufolge er sich ausschließlich von Hülsenfrüchten ernähren darf. Durch den Versuch sollen die Auswirkungen von Mangelernährung auf die Tauglichkeit von Soldaten ermittelt werden. Das Geld gibt er Marie, seiner Freundin, mit der er ein uneheliches Kind hat und die, wie er und sein Stubenkamerad Andres, zur Schicht der „arme Leut" gehört. Trotz seiner hektischen Betriebsamkeit gelingt es ihm nicht, seine soziale Lage zu verbessern und Marie und sein Kind angemessen zu versorgen.

Physisch geschwächt von der „Erbsendiät", ist Woyzeck auch psychisch labil und leidet an Halluzinationen. Er glaubt Stimmen zu hören, denen er zu gehorchen hat und die ihn schließlich zum Mord an Marie treiben. Das auslösende Moment für diese Tat ist Eifersucht, da Marie ein Verhältnis mit dem Tambourmajor eingegangen ist, der seine körperliche Überlegenheit gegenüber Woyzeck vor den anderen demonstriert. Aber nicht nur der Tambourmajor demütigt Woyzeck, auch der Hauptmann und der Doktor nutzen ihn aus und stellen ihn in aller Öffentlichkeit bloß. Seine niedere soziale Stellung und seine fehlende Bildung, die daraus folgenden unwürdigen Lebensbedingungen und die Erniedrigungen, denen er von allen Seiten ausgesetzt ist, lassen Woyzeck zum „Opfer" der sozialen Umstände werden.

3.5 Charakterisierung Maries

Marie steht mit ihrer attraktiven Erscheinung, ihrer herausfordernden Sinnlichkeit und selbstbewussten Eitelkeit im Gegensatz zum grüblerischen, physisch und psychisch geschwächten Woyzeck, mit dem sie das gemeinsame uneheliche Kind verbindet. Arm wie jener sehnt sie sich nach Wohlstand und einem Leben, das ihren Bedürfnissen entspricht. Als ledige Mutter ist sie sich ihrer niederen gesellschaftlichen Stellung und des moralischen Urteils der Bürger, die sie als „Hure" ansehen, sehr wohl bewusst. Da sie jedoch die Ursachen und Bedingungen ihrer sozialen Lage erkennt und reflektiert, kann sie sich gegen Vorwürfe, beispielsweise ihrer Nachbarin Margreth, wehren und ihr Verhalten rechtfertigen.

Der Tambourmajor repräsentiert für Marie jene höhere gesellschaftliche Stellung, die sie sich erträumt und die ihr die Erfüllung ihrer Bedürfnisse verspricht. Sie kann dem ansprechenden Äußeren und der Galanterie, mit der ihr Verehrer sie umwirbt und ihr Geschenke macht, nicht widerstehen und beginnt eine Affäre mit ihm. Obwohl sie für Woyzeck, den Vater ihres Kindes, eher Mitleid denn Liebe empfindet, weiß sie, dass sie ihm Treue und Dankbarkeit schuldig wäre und versucht, ihre Beziehung mit dem Tambourmajor vor ihm zu verbergen. So ist sie hin- und hergerissen zwischen traditionellen moralischen Werten und dem Wunsch, die bedrückende Enge ihres Milieus hinter sich zu lassen. Auch ihr Handeln wird letztlich durch die sozialen Umstände bestimmt.

3.6 Charakterisierung des Hauptmanns und des Doktors

Der Hauptmann und der Doktor tragen im Stück keine Namen, da sie nicht als Individuen gesehen werden, sondern „Typen" verkörpern, wie sie in den oberen Gesellschaftsschichten des 19. Jahrhunderts häufig anzutreffen waren. Sie haben deren typische negative Eigenschaften in zugespitzter Form und legen ein Verhalten an den Tag, das exemplarisch die Unmenschlichkeit des politischen Systems anprangert. Sie bevormunden ihre Untergebenen und nutzen deren Abhängigkeit für ihre eigenen Interessen aus.

Der Doktor steht für den Typus des zynischen, gewissenlosen Wissenschaftlers, der sich nicht für die Menschen interessiert, sondern für den ausschließlich seine eigene Karriere zählt. Um in wissenschaftlichen Kreisen Aufsehen zu erregen und Ruhm zu ernten, missbraucht er das *„Subjekt Woyzeck"* zu Demonstrationszwecken für seine fragwürdigen Experimente. Dass Woyzeck aufgrund der „Erbsendiät" physisch und psychisch Schaden nimmt, lässt den Doktor unberührt, ebenso wie die erschreckte Reaktion des Hauptmanns, dem er kaltblütig einen Schlaganfall prognostiziert. Um seine Überlegenheit zu demonstrieren, verwendet er unverständliche medizinische Fachbegriffe.

Der Hauptmann als Funktionsträger der gesellschaftlichen Ordnung entspricht bereits äußerlich ganz und gar nicht dem Bild eines Soldaten: *„aufgedunsen, fett, dicker Hals, apoplektische Konstitution"* (9. Szene, *„Straße"*) - so wird er vom Doktor schonungslos taxiert. Ebenso negativ sind seine Wesenszüge: Als melancholischer, selbstzufriedener Müßiggänger findet er Befriedigung darin, den ihm untergeordneten Woyzeck zu demütigen, etwa wenn er dessen vermeintliche Unwissenheit bloßstellt oder Andeutungen über Maries Untreue macht. Indem er wiederholt Wertbegriffe wie *„Ewigkeit"*, *„Moral"*, *„Tugend"* oder *„gut"* gebraucht - jedoch völlig zusammenhanglos und ohne erkennbaren Sinn - versucht er, sich den Anschein von Autorität und Präsenz zu geben, wirkt dabei aber lächerlich.

3.7 Determinismus versus Willensfreiheit

Nach Büchners Auffassung soll der Dichter *„die Welt [...] zeigen, wie sie ist"* und nicht, *„wie sie sein soll [...]"* (Brief an die Familie vom 28.7.1835). Er wendet sich damit gegen den Idealismus der Klassik, die den Menschen durch die Darstellung tugendhafter Handlungen belehren möchte. *„Der Dichter ist kein Lehrer der Moral"*, so Büchner (ebenda), weder eine idealistische Verklärung der Realität noch die moralische Belehrung des Publikums sei seine Aufgabe. Stattdessen gehe es darum, die Wirklichkeit wiederzugeben, *„Menschen aus Fleisch und Blut"* zu zeigen, die aus der untersten Gesellschaftsschicht stammen und die natürlichen und gesellschaftlichen Zwängen ausgesetzt sind. Deshalb kann *Woyzeck* als *„Soziales Drama"* gesehen werden, in dem ein literaturgeschichtlich neuartiger Protagonistentyp auftritt - der leidende, unfreie Mensch. Damit wird die Grundannahme des Idealismus, dass der Einzelne über Willens- und damit Entscheidungsfreiheit verfüge, von Büchner verneint. Am Beispiel eines Ausgebeuteten und Gedemütigten zeigt er die Determiniertheit des Menschen durch das soziale Milieu und macht so die gesellschaftlichen Widersprüche sichtbar. Wer über die materiellen Voraussetzungen verfügt, sich ein „gutes" Leben leisten zu können, für den ist es auch leichter, ein „guter Mensch" zu sein, d.h. bürgerlichen Wertvorstellungen zu entsprechen. Wessen Hauptaufgabe aber darin besteht, das bloße Überleben zu sichern, der hat eben nur seine „Natur", für den bleibt „moralisches" Verhalten etwas Unerreichbares. In diesem Sinne ist auch Woyzecks Schlüsselaussage zum Verhältnis zwischen Freiheit und Notwendigkeit zu verstehen: *„[...] wir gemeinen Leut', das hat keine Tugend, es kommt einem nur so die Natur, [...]"* (zum Hauptmann in Szene 6).

Woyzecks Handlungen werden von inneren und äußeren Einflüssen determiniert. Sein psychisch labiler Zustand, seine Wahnvorstellungen und seine innere Unruhe werden durch die soziale Lage verstärkt. Seine Gewalttat erweist sich am Ende des Dramas als das Produkt der Zwänge und Repressionen seiner Umwelt, denen er die ganze Zeit über ausgesetzt war. Woyzecks Angst, Marie und damit das einzig Sinngebende in seinem Leben zu verlieren sowie seine damit verbundenen Eifersuchtsgefühle sind hingegen nur die unmittelbaren Auslöser der Katastrophe, nicht ihre Ursache.

3.8 Aspekte des Menschenbildes Büchners

Im Gegensatz zum klassischen Konzept sieht Büchner den Menschen nicht als frei über sich selbst bestimmendes Individuum. Nicht seine Sittlichkeit, sondern die soziale Lage, auf die er keinen Einfluss nehmen kann, determiniert die Handlungen jedes Einzelnen. In diesem Sinne erklärt Büchner: *„Ich verachte Niemanden, am wenigsten wegen seines Verstandes oder seiner Bildung, weil es in Niemands Gewalt liegt, kein Dummkopf oder kein Verbrecher zu werden, - weil wir durch gleiche Umstände wohl Alle gleich würden, und weil die Umstände außer uns liegen"* (Brief an die Familie, Februar 1834).

Dass Büchner auf der Seite der Unterdrückten steht, wird auch daran deutlich, dass nur sie im Stück Eigennamen haben. Woyzeck und all diejenigen, die wie er auf der untersten Stufe der gesellschaftlichen Hierarchie stehen, verdienen Mitleid, für die „Oberen", wie den Hauptmann oder den Doktor, hat Büchner nur Verachtung übrig. Dementsprechend tragen sie lediglich Funktionsbezeichnungen und bleiben ansonsten anonym und somit austauschbar.

Dem Verfasser des Woyzeck geht es darum, sich *„in das Leben der Geringsten"* hineinzuversetzen und es realistisch wiederzugeben. Nur so könne man *„das eigentümliche Wesen jedes [Menschen]"* verstehen, es dürfe einem *„keiner zu gering, keiner zu hässlich sein"*, so definiert er sein künstlerisches Programm (vgl. *Lenz*, 1. Kapitel).

Büchner sieht seine illusionslose Geschichtsauffassung, die dem Menschen kaum Gestaltungsmöglichkeiten zugesteht, durch Studien über die Französische Revolution bestätigt. *„Ich studierte die Geschichte der Französischen Revolution. Ich fühlte mich wie zernichtet unter dem grässlichen Fatalismus der Geschichte. [...] Der Einzelne nur Schaum auf der Welle, die Größe ein bloßer Zufall, die Herrschaft des Genies ein Puppenspiel, [...]"*(Brief an die Braut vom März 1834).

Das Individuum wird durch Umstände geformt, die außerhalb seines Einflussbereichs liegen. Dies sind einerseits natürliche Umstände, wie körperliche Bedürfnisse und Triebe, andererseits die gesellschaftlichen Verhältnisse. Dazu gehören die Zugehörigkeit zu einer sozialen Klasse, damit verbunden die materielle Situation und die Bildung des Einzelnen. Es sei *„ein ehernes Gesetz"* (ebenda), dass jene äußeren Umstände das Leben und Handeln aller Menschen bestimmen. Deshalb gibt es für Büchner keine von der *„unabwendbaren Gewalt"* (ebenda) der natürlichen und gesellschaftlichen Zwänge unbeeinflusste Freiheit.

3.9 Dramenkonzeption

Der Literaturwissenschaftler Volker Klotz unterscheidet zwei typische Bauformen, was die dramatische Handlung und die Komposition, die Zeit und den Raum, die Personen und die Sprache des Dramas angeht: die *offene* und die *geschlossene* Form.

Die *geschlossene Form* orientiert sich am klassischen, aristotelischen Modell und konzentriert sich auf die Haupthandlung, die auf einen Höhepunkt und ein Ende – sei es eine Lösung oder eine Katastrophe - hinführt. Die gesamte Handlung ist in Akte gegliedert, welche deutlich voneinander getrennt sind, aber aufeinander aufbauen und deren Reihenfolge festgelegt ist. Dasselbe gilt für die Einzelszenen innerhalb eines Aktes. So entsteht eine *„einzige, abgeschlossene und vollständige Handlung von einer bestimmten Größe"*, wobei die *„Teile der Handlung so zusammengesetzt"* sind, *„dass das Ganze sich verändert und in Bewegung gerät, wenn ein einziger Teil umgestellt oder weggenommen wird"* (Aristoteles, *Poetik*).

Im *offenen Drama* gibt es keine geschlossene Haupthandlung, sondern mehrere, relativ autonome Handlungsstränge, die weder inhaltlich noch zeitlich in <u>einer</u> bestimmten Folge stehen müssen. Die Einzelszenen stellen keine Stufen eines linearen Handlungsgerüsts dar, sondern zeigen jeweils einen Ausschnitt des Geschehens. Das Fehlen einer festgelegten Handlungsstruktur zeigt sich im *Woyzeck* unter anderem am offenen Ende des Stücks.

Für geschlossene Dramen, wie beispielsweise Goethes *Iphigenie auf Tauris*, gilt weitgehend die Regel von der Einheit des Ortes und der Zeit. Streng genommen soll sich die auf der Bühne gezeigte Handlung an nur einem Ort abspielen und nur einen Tag umfassen. Obwohl diese Regel in der strengen Fassung nicht immer beachtet wird, sind eine kurze Zeitdauer, in der die Handlung abläuft und keine für das Geschehen bedeutsamen Ortswechsel für das geschlossene Drama charakteristisch.

Diese Einschränkungen betreffen *Woyzeck* als Drama der offenen Bauform nicht. Die Einzelszenen spielen an verschiedenen Schauplätzen - beispielsweise in der Stadt, auf dem freien Feld, im Wirtshaus oder in Mariens Kammer - ihre zeitliche Anordnung ist nicht festgelegt und für das Handlungsganze von nachrangiger Bedeutung. *Woyzeck* benötigt kein stringentes Handlungskontinuum mit klarem Anfangs- und Endpunkt. Das Drama besteht aus einer Aneinanderreihung von Einzelepisoden, in denen der Protagonist mit unterschiedlichen Personen konfrontiert wird. Aus diesen Situationen ergibt sich ein Bild von Woyzecks sozialer Lage und den äußeren Zwängen, denen er ausgeliefert ist.

Die *Ständeklausel*, die seit der Antike für das geschlossene Drama Gültigkeit besitzt, schreibt vor, dass die handelnden Personen demselben gesellschaftlichen Stand angehören und in gehobener Sprache sprechen. Im offenen Drama wird diese Regel außer Kraft gesetzt. Die Figuren im *Woyzeck* gehören verschiedenen gesellschaftlichen Schichten an, was die Verwendung mehrerer unterschiedlicher Sprachebenen zur Folge hat. Der Protagonist ist keine autonome, bewusst handelnde Persönlichkeit, wie es die geschlossene Form verlangt, sondern ein Einzelner aus der großen Masse der „Armen".

3.10 Die Sprache Franz Woyzecks

Im Drama sind zwei gesellschaftliche Schichten präsent: auf der einen Seite stehen Woyzeck, Marie und Andres als Vertreter der *„armen Leut"*, auf der anderen Seite der Hauptmann und der

Doktor, die zur Gruppe der Herrschenden gehören. Dem Dualismus der Gesellschaft entspricht eine Zweiteilung der sprachlichen Codes.

Die Menschen der Unterschicht verwenden - ihrer sozialen Rolle entsprechend - eine einfache Umgangssprache. Parataktischer Satzbau, Ellipsen und dialektale Färbungen sind Kennzeichen dieses *„restringierten Codes"*, der sich in der Aussage auf das Wesentliche beschränkt. Woyzeck verwendet selten Adjektive und abstrakte Nomen, da seine Sprache im Konkreten verankert bleibt. Wenn es ihm darum geht, seine halluzinatorischen Eindrücke und Visionen zum Ausdruck zu bringen, greift er auf biblische Wendungen zurück, so zum Beispiel, wenn er sein eigenes Schicksal als Teil einer Weltkatastrophe sieht (12. Szene). Häufig spiegelt sich Woyzecks Gemütszustand in seiner Sprache wider: Situationen, in denen ihn Verzweiflung und Ratlosigkeit übermannen, werden durch Brüche und Verkürzungen in Satzbau und Grammatik versprachlicht.

3.11 Die Sprache des Doktors und des Hauptmanns

Der Doktor und der Hauptmann repräsentieren die oberen Schichten und sprechen daher in gehobener Sprache. Grammatikalisch weitgehend korrekte hypotaktische Sätze in Hochdeutsch überwiegen in diesem sogenannten *„elaborierten Code"*. Durch längere zusammenhängende Redeteile bis hin zu Monologen und die Verwendung von Fremdwörtern bringen beide ihre Vorrangstellung und Überlegenheit den „Ungebildeten" gegenüber zum Ausdruck: Der Doktor macht sich durch den Gebrauch medizinischer Fachsprache unangreifbar, der Hauptmann verwendet mit Vorliebe abstrakte Wertbegriffe, die er jedoch als leere Worthülsen missbraucht. Für beide ist ihre Sprache ein Mittel, Macht zu demonstrieren und sich auf diese Weise selbst in Szene zu setzen. Seien es Befehle und Vorwürfe von Seiten des Doktors, weil Woyzeck sich nicht an seine Anweisungen gehalten hat oder das redundante, ins Leere laufende Sprechen des Hauptmanns, der sich berechtigt fühlt, von oben herab Wertungen bezüglich Woyzecks „Moral" abzugeben; immer sind die Sprechakte der Herrschenden mit deren Befugnis zur Machtausübung verbunden. Eine „echte" Kommunikation mit dem Gegenüber ist nicht möglich, da dieses nicht als Individuum wahrgenommen wird, sondern als Mittel zum Zweck.

3.12 Das Märchen der Großmutter

Die 19. Szene *„Vor der Haustür"* enthält eine allegorische Erzählung, welche Motive aus dem Märchen *„Die Sterntaler"* der *Gebrüder Grimm* aufgreift. Dieses handelt von einem armen Waisenmädchen, das sich *„im Vertrauen auf den lieben Gott"* auf den Weg durch die Welt macht und Menschen begegnet, die noch weniger haben als es selbst. Nach und nach gibt es alles weg, was es noch besitzt, sein letztes Stück Brot und auch die Kleidung, die es am Leib trägt. Als es schließlich völlig nackt ist, fallen die Sterne als Taler vom Himmel; das Mädchen braucht sie nur noch aufzusammeln.

Die moralische Lehre im Grimm'schen Märchen – selbstlose Nächstenliebe und ein fester Glaube an Gott werden belohnt – fehlt in der Erzählung von der Großmutter. Darin kommt ebenfalls ein Waisenmädchen vor, das aber auf seiner Wanderung nur Enttäuschungen erlebt. Die Himmelskörper, die von weitem *„so freundlich"* aussahen, dass sie Hoffnung auf Trost weckten, erweisen sich aus der Nähe als Trugbilder: der Mond als *„ein Stück faul Holz"*, die Sonne als *„eine verwelkte Sonnenblume"*, die Sterne als *„aufgespießte kleine goldne Mücken"*. Auch die Erde, *„ein umgestürzter Hafen"* (entspr. „Topf"), bietet keinen Schutz. Anders als im Märchen *„Die Sterntaler"* hat das Kind noch nicht einmal die Möglichkeit, sein Schicksal zu beeinflussen und Gutes oder Böses zu tun. Damit erweist sich die Erzählung als Gegenentwurf zum Volksmärchen, als „Anti-Märchen", das keine Erklärungen oder Lösungen für das Geschehene geben kann. In einer Welt, in der kein Sinnzusammenhang erkennbar ist, bleibt der Mensch verloren wie das Kind, das am Ende von allen verlassen und ohne Hoffnung dasteht. So kann das (Anti-) Märchen der Großmutter als Vorausdeutung auf das Schicksal Christians, Maries und Woyzecks kleinem Sohn, verstanden werden, der nach der Ermordung seiner Mutter in der folgenden Szene als Waise in einer sinnlos erscheinenden Welt zurückbleibt.

3.13 Szene 4, Inhalt

Szene 4 spielt in Maries Kammer. Marie hat ihren Sohn auf dem Schoß und sieht sich in einem Stück Spiegel an. Sie singt das Lied vom *„Zigeunerbu"* und betrachtet ein Paar Ohrringe, die ihr der Tambourmajor geschenkt hat. Woyzeck kommt herein und bringt ihr Geld. Es ergibt sich ein knappes Gespräch über die Herkunft der Ohrringe, über den sozialen Status Maries und der kleinen Familie. Woyzeck eilt weiter. Marie bezichtigt sich im Selbstgespräch, ein schlechter Mensch zu sein.

3.14 Szene 4, Interpretation

Die Szene „Mariens Kammer" lässt sich in drei Teile gliedern:

1. Zunächst bezeichnet sich Marie im Selbstgespräch als *„ein arm Weibsbild"*, das *„nur ein Eckchen in der Welt und ein Stückchen Spiegel"* habe, in dem sie sich mit den glitzernden Ohrringen – offenbar ein Geschenk des Tambourmajors - betrachtet. Nebenbei versucht sie, mit Aufforderungen und Drohungen mit dem *„Schlafengelchen"*, ihr Kind zum Einschlafen zu bringen und singt ein kurzes Lied.
2. Es folgt ein Dialog mit Woyzeck, der in die Kammer eingetreten ist, und der angesichts der Ohrringe Misstrauen zeigt. Es gelingt ihr jedoch, den Zweifelnden zu beschwichtigen.
3. Die Szene endet mit einem kurzen Monolog Maries, in dem sie ihr Verhalten verurteilt. Sie rechtfertigt sich mit dem Hinweis auf die Sinnlosigkeit allen Tuns.

Obwohl Marie sich über ihre Armut und ihre niedere gesellschaftliche Stellung als ledige Mutter im Klaren ist, will sie den momentanen Zustand – im Gegensatz zu Woyzeck - nicht akzeptieren. Sie beansprucht für sich ein Recht auf Luxus und will begehrt und umworben werden, weil sie den *„großen Madamen"* an Schönheit in nichts nachsteht. Ihre Sehnsucht nach einem Leben an einem anderen Ort, im *„Zigeunerland"*, findet in dem kurzen Lied des ersten Teils Ausdruck. Woyzeck hingegen nimmt seine soziale Lage als etwas Unabänderliches hin; er weiß, dass er zu den *„arme Leut"* gehört, deren Lebensinhalt die Arbeit ist. Er kann nicht glauben, dass Marie die Ohrringe *„gefunden"* habe und äußert seine Zweifel mit einem Hinweis auf die allgemeine Lebenserfahrung: *„Ich hab' so noch nix gefunden, zwei auf einmal!"* Da Marie sein Misstrauen durch die provokative Frage *„Bin ich ein Mensch?"* fürs Erste abwenden kann, stellt er keine weiteren Fragen, sondern wendet sich fürsorglich dem Kind zu. Dessen unruhiger, fiebriger Schlaf bestätigt ihn in seiner Überzeugung, dass das Leben der Armen so mühsam und kräftezehrend sei, dass es *„sogar Schweiß im Schlaf"* fordere. Das hart verdiente Geld, das er Marie gibt, verstärkt deren Schuldgefühle, da sie weiß, dass sie ihm im Gegenzug Loyalität schuldig wäre. Der verzweifelte Ausruf *„Ich könnt' mich erstechen"* deutet auf die Gewalttat, die am Ende des Dramas eintreten wird, voraus. In der Aussage *„Ach, was Welt? Geht doch alles zum Teufel, Mann und Weib!"*, mit der die Szene schließt, drückt sich Maries nihilistische Grundeinstellung aus, der zufolge ein Leben nach moralischen Prinzipien für die Angehörigen der niederen Stände unmöglich ist.

3.15 Szene 5, Inhalt

In Szene 5 befindet sich Woyzeck in den Räumen des Hauptmanns und rasiert seinen Vorgesetzten. Während dieser Tätigkeit findet ein Dialog statt, der sich inhaltlich in zwei Teile zerlegen lässt. Der erste Part wird vom Hauptmann dominiert, welcher das Gespräch initiiert und die Themen bestimmt: Er mahnt Woyzeck wiederholt zur Langsamkeit, da für ihn ein gehetztes Wesen Ausdruck eines schlechten Gewissens sei. Außerdem mache ihm zusätzlich gewonnene Zeit Angst und führe bei ihm zu Melancholie, was sich in ausschweifenden Betrachtungen über die „Ewigkeit" äußert, denen Woyzeck nicht folgen kann. Dementsprechend antwortet er lakonisch mit *„Jawohl, Herr Hauptmann"* und fährt mit seiner Tätigkeit fort. Mit derselben stereotypen, militärischen Bestätigungsformel reagiert Woyzeck auf die als Witz gedachte Bemerkung des Hauptmanns über den Wind aus *„Süd-Nord"*, was dieser der Dummheit Woyzecks zuschreibt.

Der konkrete Vorwurf des Hauptmanns, Woyzeck habe, wie man an seinem unehelichen Kind sehe, *„keine Moral"*, leitet zum zweiten Part über. Woyzeck gibt seine zustimmende, unterwürfige Haltung auf und verteidigt seine Lebensweise im Folgenden mit drei Argumenten: Zunächst beruft er sich auf die Botschaft Gottes, der ein Kind nicht nach seiner Herkunft beurteile. Dann verweist er auf seine niedere soziale Stellung, die eine Heirat aus finanziellen Gründen nicht zulasse sowie darauf, dass es für einen Armen wie ihn unmöglich sei, einen untadeligen Lebenswandel gemäß dem bürgerlichen Verständnis von Moral zu führen. Leute seines Standes hätten nur ihre natürlichen Triebe, denen sie nachgeben müssten. Woyzeck erkennt, dass sein Leben anders verlaufen wäre, wenn er aus einer anderen Gesellschaftsschicht stammen würde. Als er versucht, dies dem Hauptmann mit seinen Worten darzulegen und sich rechtfertigt, reagiert dieser irritiert und verständnislos. Er entlässt seinen Untergebenen, nicht ohne seine Ermahnungen vom Anfang zu wiederholen, gesteht ihm aber zu, dass er trotz seines „unmoralischen" Lebensstils *„ein guter Mensch"* sei.

3.16 Szene 5, Interpretation

Während Woyzeck den Hauptmann rasiert, findet ein Gespräch statt, in welchem der Statusunterschied zwischen den beiden Beteiligten vielfach deutlich wird. So hat der Hauptmann, jedenfalls im ersten Teil des Dialogs, den weitaus größeren Redeanteil inne. Er beginnt das Gespräch, bestimmt die Themen und monologisiert über weite Strecken hinweg, um seinem Bedürfnis nach Selbstdarstellung und Selbstbestätigung Genüge zu tun. Seine Aussagen bestehen hauptsächlich aus „Ich"-Botschaften und Appellen an Woyzeck, auf die dieser zunächst lakonisch und formelhaft mit *„Jawohl, Herr Hauptmann"* reagiert. Inhaltlich bleiben seine Ausführungen über „Ewigkeit" und „Moral" leere Worthülsen, die sich in Wiederholungen und Tautologien erschöpfen.

In seiner Selbstbezogenheit ist der Hauptmann blind für die materielle Notlage seines Untergebenen. Sein Vorwurf, Woyzeck sehe „so verhetzt" aus und die mehrmalige Aufforderung, er solle „langsam" vorgehen, offenbaren seine Verständnislosigkeit gegenüber denjenigen, die in der sozialen Hierarchie ganz unten stehen und mit existentiellen Problemen zu kämpfen haben. Im Gegensatz zu Woyzeck hat der Hauptmann viel überflüssige Zeit, die er nicht nutzen kann, was bei ihm Langeweile und Melancholie hervorruft. Mit seinem Witz vom Wind aus „Süd-Nord" stellt er Woyzecks Naivität und Unwissenheit bloß und nutzt die Gelegenheit, um seine eigene vermeintliche Überlegenheit auszukosten. Da es Woyzeck nicht zusteht, seinem Vorgesetzten zu widersprechen, stimmt er nur erneut mechanisch zu.

Erst als im zweiten Teil der Szene der konkrete Vorwurf fällt, Woyzeck habe wegen seines unehelichen Kindes *„keine Moral"*, verschieben sich die Redeanteile. Woyzecks Äußerungen, um sich zu rechtfertigen, nehmen mehr Raum ein und sind syntaktisch wesentlich komplexer als am Anfang. Zunächst zitiert er aus der Bibel, die ihm vertraut ist und beruft sich auf Gott, der alle Kinder annehme, gleichgültig, wer ihre Eltern sind. Da der Hauptmann diesem Argument nichts entgegensetzen kann, reagiert er irritiert und beharrt auf seiner Position, indem er Woyzeck in der dritten Person wiederholt darauf hinweist, dass jener ihm sozial untergeordnet ist: *„Wenn ich sag': Er, so mein' ich Ihn, Ihn [...]"*

Als Nächstes führt Woyzeck die konkreten Gründe für seine Lebensverhältnisse an: Er als *„armer Kerl"* sei finanziell nicht in der Lage, ein tugendhaftes Leben im bürgerlichen Sinne zu führen und seine Beziehung zu Marie zu legalisieren. Moral sei im wirklichen Leben an bestimmte materielle Bedingungen geknüpft, denn nur, wer über ein gewisses Maß an Wohlstand verfüge, könne auch „moralisch" handeln. Wer jedoch - wie er selbst - am Existenzminimum lebe, habe weder die Zeit noch die Möglichkeit, ein tugendhaftes Verhalten an den Tag zu legen. Mit diesen Betrachtungen, die sich auf seine konkrete Situation beziehen und durch diese begründet werden, setzt er sich deutlich von den abstrakten Wert- und Moralvorstellungen des Hauptmanns ab. Dieser ist verwundert über Woyzecks Aussagen und weiß auf dessen schlüssige Argumentation keine Antwort; schließlich bricht er das Gespräch ab, wobei er den anfänglichen Vorwurf, Woyzeck führe kein moralisch untadeliges Leben, zurücknimmt und ihn herablassend als *„gute[n] Mensch[en]"* tituliert.

Woyzecks Argumentation in diesem Dialog zeigt, dass er sehr wohl in der Lage ist, seine Situation zu erkennen, zu reflektieren und – im Rahmen seiner Möglichkeiten – in verständliche Worte zu fassen. Der idealisierte, von gesellschaftlich-materiellen Bedingungen absehende Moralbegriff des Hauptmanns, den dieser diffus und ohne argumentativen Zusammenhang in den Raum stellt, erweist sich als nicht tragbar. Die primäre Funktion der Szene ist es, darzulegen, dass moralische Werte für das Handeln der Menschen keine universelle Gültigkeit besitzen: sie erweisen sich vonseiten des Hauptmanns als instrumentalisierte, hohle Phrasen zur Legitimation von Herrschaft. Woyzeck dagegen kann sich in seinem Handeln wegen der gesellschaftlichen Zwänge, denen er unterliegt, nicht an moralischen Maßstäben orientieren.

3.17 Szene 8, Inhalt

Die Szene spielt in den Räumen des Doktors, zu dem sich Woyzeck begibt, um die Untersuchungen im Rahmen der Erbsendiät durchführen zu lassen. Er hat sich dem Doktor gegenüber verpflichtet, für dessen Forschungszwecke sich ausschließlich von Hülsenfrüchten zu ernähren und muss täglich seinen Urin abgeben, wofür er eine finanzielle Gegenleistung von drei Groschen erhält. Der Doktor empfängt ihn mit dem Vorwurf, Woyzeck habe sich nicht an die Vereinbarungen gehalten, da er *„auf die Straß' gepisst"* und ihm so eine bestimmte Urinmenge vorenthalten habe, die ihm laut Vertrag zustehe. Woyzecks Entschuldigung, er habe seine natürlichen Bedürfnisse nicht unterdrücken können, lässt der Doktor nicht gelten. Er selbst habe durch medizinische Forschungen nachgewiesen, dass der für das Harnlassen entscheidende Muskel vom Willen gesteuert werden könne. Da der Mensch ein freies, selbstbestimmtes Wesen sei, sei es wissenschaftlich gesehen unmöglich, dass er von der *„Natur"* gezwungen werde.

Woyzeck greift das Stichwort *„Natur"* auf und versucht dem Doktor seine Wahrnehmungen einer „doppelten Natur" zu erklären, ist aber sprachlich nicht in der Lage, seine übernatürlichen Erfahrungen in verständliche Worte zu fassen. Der Doktor wertet Woyzecks wirre Ausführungen als Symptome einer Art von Geistesgestörtheit, die er als *„aberratio mentalis specialis"* bezeichnet. Er wertet sie als interessanten Beitrag zu seiner Forschung und verspricht Woyzeck eine zusätzliche Vergütung.

3.18 Szene 8, Interpretation

In dieser Szene repräsentieren der Doktor und Woyzeck zwei soziale Klassen, die einander gegenübergestellt werden: die der Herrschenden und die der Unterdrückten.

Der Doktor als Vertreter des Bildungsbürgertums betrachtet Woyzeck nicht als Mensch, sondern als Versuchsobjekt, das ihm für seine medizinischen Forschungen dienlich sein kann. Diese sollen ihm zu einer erfolgreichen Karriere in der Welt der Wissenschaft verhelfen. Er „beherrscht" Woyzeck einerseits durch den Vertrag, der ihn zu Forderungen jenem gegenüber berechtigt, andererseits durch sein fachliches Wissen und die Verwendung von Fremdwörtern, wozu ihn seine gesellschaftliche Stellung befähigt. Deshalb glaubt er sich im Recht, Woyzecks körperliche und seelische Gesundheit zu zerstören und dies mit der Idee des freien Willens zu rechtfertigen: *„Woyzeck, der Mensch ist frei, in dem Menschen verklärt sich die Individualität zur Freiheit."*

Er behandelt den sozial Unterlegenen herablassend und bezeichnet ihn arrogant als *„Subjekt Woyzeck"*, das nicht *„philosophier[en]"* sollte. Doch Woyzeck, der den Vertrag mit dem Doktor nicht aus freien Stücken, sondern aus materieller Not heraus geschlossen hat, leidet körperlich und seelisch unter dem medizinischen Experiment. Weder der „Natur", in diesem Fall seinen körperlichen Bedürfnissen, noch dem Doktor in seiner fachlichen und sprachlichen Überlegenheit kann er sich widersetzen. Seine Versuche, sich in seiner Not verständlich zu machen, als er von seinen Erfahrungen mit der „doppelten Natur", seinen übernatürlichen Wahrnehmungen, erzählt, scheitern an seiner sprachlichen Unzulänglichkeit. Als Opfer der gesellschaftlichen Verhältnisse hat er keine andere Wahl als dem Doktor zu gehorchen und die Vertragsbedingungen in Zukunft zu erfüllen, um seinen Lebensunterhalt bestreiten zu können.

3.19 Szene 9, Inhalt

Im ersten Teil von Szene 9 treffen der Hauptmann und der Doktor auf der Straße aufeinander und zeigen einander offen ihre gegenseitige Antipathie. Als im zweiten Teil Woyzeck hinzukommt, der beiden sozial unterlegen ist, „verbünden" sie sich gegen ihn, indem sie ihn, jeder auf seine Weise, demütigen.

Der Hauptmann spricht den Doktor an und ermahnt ihn zur Langsamkeit. Er erzählt dem Mediziner von seiner Schwermut, die ihn immer dann befalle, wenn er *„seinen Rock an der Wand hängen"* sehe, d.h. wenn er nichts zu tun habe. Die zynische Antwort des Doktors, der seinem Gesprächspartner einen Schlaganfall und eine kurze Lebenserwartung prophezeit, erschreckt den Hauptmann sehr. Die beiden verabschieden sich gerade mit gegenseitigen unfreundlichen Titulierungen voneinander, als Woyzeck gelaufen kommt.

Dieser will vorbeieilen, doch der Hauptmann spricht ihn an und fordert ihn auf, nicht so zu hetzen. Im Folgenden gibt er Woyzeck mit ironischen Andeutungen zu verstehen, dass Marie ihn mit dem Tambourmajor betrügt. Woyzecks fassungslose Reaktion stachelt seinen Vorgesetzten dazu an, die Anspielungen immer mehr zu steigern. Sie verfehlen nicht ihre Wirkung, denn Woyzecks Bestürzung, das einzig Wichtige *„auf der Welt"* verloren zu haben, äußert sich in heftigen körperlichen Symptomen: Er wird *„kreideweiß"*, sein Puls geht *„klein, hart, hüpfend, unregelmäßig"*, seine Gesichtsmuskeln sind *„starr, gespannt"*, wie der Doktor mit wachsendem Interesse konstatiert. Woyzeck verfällt ins Grübeln, beginnt in wirren Bildern zu reden und verlässt schließlich *„mit breiten Schritten, erst langsam, dann immer schneller"* den Schauplatz des Geschehens. Der Doktor läuft ihm nach, was der Hauptmann mit einem boshaften Kommentar quittiert.

3.20 Szene 9, Interpretation

In dieser Szene werden einerseits die Konflikte innerhalb der Klasse der „Herrschenden", vertreten durch Hauptmann und Doktor, andererseits die Beziehungen zwischen den gesellschaftlichen Schichten thematisiert. Obwohl sich der Hauptmann und der Doktor im ersten Teil der Szene noch offen anfeinden und kritisieren, wenden sie sich im zweiten Teil geschlossen gegen Woyzeck, der stellvertretend für die Armen und Unterdrückten steht.

Der Hauptmann holt den Doktor auf der Straße ein und erzählt ihm von seiner Schwermut. Der Mediziner taxiert den Offizier mitleidslos mit fachkundigen Blicken, beschreibt ungerührt dessen körperliche Symptome und diagnostiziert eine *„apoplektische Konstitution"*, die ihm nur noch eine geringe Lebenserwartung beschere. Hieraus wird deutlich, dass der Doktor ihn, wie auch Woyzeck, nicht als Person, sondern lediglich als *„einen von den interessanten Fällen"* sieht, die ihm für seine *„unsterblichen Experimente"* von Nutzen sein können.

Der Hauptmann reagiert nur kurzfristig entsetzt auf die Prognosen des Mediziners: *„Herr Doktor, erschrecken Sie mich nicht!"*, um gleich darauf wieder mit dem Doktor im vertrauten elitären Jargon über *„Hohlkopf"* und *„Einfalt"* zu spötteln.

Gerade als sich beide mit gegenseitigen boshaften Kommentaren voneinander verabschieden, kommt Woyzeck herbeigelaufen und wird, wie bereits vorher der Doktor, vom Hauptmann zur Langsamkeit ermahnt: *„He, Woyzeck was hetzt Er sich so an uns vorbei. Bleib er doch, Woyzeck. Er läuft ja wie ein offnes Rasiermesser durch die Welt."*

Die Anspielung auf Woyzecks Nebentätigkeit als Barbier führt der Hauptmann weiter über die *„langen Bärte"* bis hin zum *„Haar aus einem Bart [...] eines Tambourmajors"*, das Woyzeck zuhause *„in seiner Schüssel"* und *„vielleicht noch auf ein[em] Paar Lippen"* finden könne. Woyzecks Bestürzung lässt ihn kein Mitleid fühlen, sondern stachelt ihn im Gegenteil noch mehr an, ihm nahezulegen, dass Marie ein Verhältnis mit dem Tambourmajor hat: *„Aber Er hat eine brave Frau. Geht Ihm nicht wie andern."*

Diese scheinbar beruhigende Zurückweisung eines Verdachts gegen Woyzecks Lebensgefährtin ist ironisch zu verstehen und verfehlt ihre Wirkung nicht. Woyzeck reagiert mit heftiger körperlicher Erregung auf die Eröffnungen, was der Doktor mit großem Interesse beobachtet. Er misst dessen Puls, konstatiert, als Woyzeck zu halluzinieren beginnt – *„die Erd ist höllenheiß, mir eiskalt"*- bei diesem *„angespannte Gesichtsmuskeln"* sowie eine *„starre Haltung"*, was deutlich zeigt, dass er den Untergebenen lediglich als Experimentierobjekt für seine egoistischen Ziele wahrnimmt und sich im Recht fühlt, ihn zu demütigen. Als Woyzeck schließlich wegläuft, folgt er ihm, um den für ihn medizinisch interessanten Fall genauer zu studieren.

In der Szene *„Straße"* werden Formen der gesellschaftlichen Kommunikation näher beleuchtet. Büchner zeigt eingangs der vorliegenden Szene Gegensätze zwischen Hauptmann und Doktor. Die beiden Vertreter der sozialen Elite beenden ihr Konkurrenzverhalten und verbünden sich trotz gegenseitiger Antipathie gegen Woyzeck und beginnen ihn zu verspotten und bloßzustellen. Dieser ist für sie kein Individuum, sondern ein Objekt, das sie für ihre Zwecke benutzen können. Wohl wissend, dass Woyzeck ein *„armer Teufel"* ist, der außer seiner kleinen Familie *„nichts auf der Welt"* hat, empfinden sie es als legitim, ihn zu erniedrigen und die eigene gesellschaftliche Überlegenheit zu demonstrieren. Woyzeck zeigt daraufhin deutliche Anzeichen von Wahnsinn: *„Herr Hauptmann, die Erd is höllenheiß – mir eiskalt, eiskalt – Die Hölle is kalt, wollen wir wetten."* Hauptmann und Doktor tragen damit zweifellos eine Mitschuld an der Ermordung Maries.

4. Die Kombination der Textbausteine

4.1. Eine Übungsklausur

Sie haben sich durch die Bearbeitung der Übungsaufgaben im vorliegenden Heft umfassende Kompetenzen zu Georg Büchners Drama angeeignet. Es geht nun darum, die erworbenen Kenntnisse auf eine konkrete Fragestellung anzuwenden.

Dazu benötigen Sie über das bisher Erarbeitete hinaus eine Gliederung, in der Sie einzelne Textbausteine auf ein Prüfungsthema beziehen. In Ihrer Ausarbeitung wird es an einigen Stellen sinnvoll sein, die Ausführungen zu kürzen und/oder neu zu arrangieren. Einzelne Passagen werden Sie, um dem jeweiligen Arbeitsauftrag gerecht zu werden, ergänzen müssen. Außerdem ist eine Einleitung erforderlich und Sie sollten sich darüber klar werden, wie der Schluss Ihrer Arbeit aussehen soll.

Die Kombination der Textbausteine sollen Sie nun anhand des folgenden Themas üben:

Erschließen und interpretieren Sie Szene 5 „Beim Hauptmann" aus Georg Büchners Drama Woyzeck, indem Sie Inhalt, Aufbau und sprachlich-stilistische Gesttungsmittel untersuchen.

(Szenentext oben unter 2.15.)

Orientieren Sie sich dabei an den Stichpunkten im folgenden Gliederungsvorschlag

A) Einleitung

Mögliche Einleitungsgedanken: Epochenbezug, literaturgeschichtliche Bedeutung des Dramas, Woyzeck als Dramenfigur neuen Typs

Formulieren Sie eine Einleitung, orientieren Sie sich an den Arbeitsergebnissen in *Baustein 3.2*

B) Erschließung und Interpretation der Szene 5 aus Georg Büchners Drama *Woyzeck*

I. Strukturierte Inhaltsangabe

1. Demütigungen Woyzecks durch den Hauptmann
2. Gespräch über Moral

Orientieren Sie sich an *Baustein 3.15*

II. Untersuchung der sprachlich- stilistischen Gestaltungsmittel

1. Redeanteile der Beteiligten
2. Herrschaftssprache des Hauptmanns
3. Wandel der Sprache Franz Woyzecks im Szenenverlauf

Orientieren Sie sich an den *Bausteinen 3.16., 3.10, 3.11*

III. Interpretation der Szene

1. Die Abhängigkeit moralischen Handelns von der gesellschaftlichen Lage
2. Moral als Instrument der Unterdrückung

Orientieren Sie sich an *Baustein 3.16* und *3.7*

C) Schluss

Bitte verzichten Sie bei der Formulierung eines Abschlussgedankens auf platte Sätze folgenden Typs: *„ Das Stück hat mir sehr gut gefallen, weil...“, „Das Drama ist Büchner hervorragend gelungen... „*

Zum Abschluss Ihrer Arbeit können Sie ggf. kurz(!) auf die Aktualität der Thematik des Dramas eingehen

oder – was unser Vorschlag wäre – Sie lassen Punkt C einfach weg!

4.2 Musterlösung zur Übungsklausur

Erschließen und interpretieren Sie Szene 5 „Beim Hauptmann“ aus Georg Büchners Drama Woyzeck, indem Sie Inhalt, Aufbau und sprachlich-stilistische Gestaltungsmittel untersuchen.

A. Einleitung

Büchners 1879 posthum veröffentlichtes Fragment Woyzeck eindeutig einer literarischen Epoche zuzuordnen, erweist sich aufgrund seiner thematischen und formalen Modernität als problematisch. Woyzeck zählt nicht zu den Dramen des traditionellen Stils, sondern ist ein *Sozialdrama*, in dem erstmals ein literaturgeschichtlich neuartiger Protagonistentyp auftritt: ein *„Mensch aus Fleisch und Blut“*[1] aus der untersten Gesellschaftsschicht. Am Beispiel der Figur des Franz Woyzeck, der bedingt durch die sozialen Umstände zum Mörder wird, zeigt Büchner, wie sehr das Leben der *„gemeinen Leut“* von den politischen und gesellschaftlichen Strukturen des 19. Jahrhunderts geprägt war. Dies soll im Folgenden anhand der vorliegenden Szene erläutert werden.

B. Erschließung und Interpretation von Szene 5

I. Strukturierte Inhaltsangabe

In Szene 5 befindet sich Woyzeck in den Räumen des Hauptmanns und rasiert seinen Vorgesetzten. Während dieser Tätigkeit findet ein Dialog statt, der sich inhaltlich in zwei Teile gliedern lässt:

Im ersten Part mahnt der Hauptmann Woyzeck wiederholt zur Langsamkeit, da seiner Ansicht nach ein gehetztes Wesen Ausdruck eines schlechten Gewissens sei. Außerdem mache ihm zusätzlich gewonnene Zeit Angst und führe bei ihm zu Melancholie. Wie zum Beweis stellt er ausschweifende Betrachtungen über die *„Ewigkeit“* an, denen Woyzeck nicht folgen kann. Dementsprechend antwortet er mechanisch mit *„Jawohl, Herr Hauptmann“* und setzt seine Tätigkeit fort.

1 Büchner, Brief an die Familie vom 28.7.1835

Mit derselben stereotypen, militärischen Bestätigungsformel reagiert Woyzeck auf die als Witz gedachte Bemerkung des Hauptmanns über den Wind aus *„Süd-Nord"*, was dieser der Dummheit Woyzecks zuschreibt.

Der konkrete Vorwurf des Hauptmanns, Woyzeck habe *„keine Moral"*, wie man an seinem unehelichen Kind sehe, leitet zum zweiten Part über. Woyzeck gibt nun seine zustimmende, unterwürfige Haltung auf und verteidigt seine Lebensweise mit drei Argumenten: Zunächst beruft er sich auf die Botschaft Gottes, der ein Kind nicht nach seiner Herkunft beurteile. Dann verweist er auf seine niedere soziale Stellung, die eine Heirat aus finanziellen Gründen nicht zulasse sowie darauf, dass es für einen Armen wie ihn unmöglich sei, einen untadeligen Lebenswandel, der dem bürgerlichen Verständnis von Moral entspräche, zu führen. Als er versucht, dies dem Hauptmann mit seinen Worten darzulegen, reagiert dieser irritiert und bricht das Gespräch unvermittelt ab.

II. Untersuchung der sprachlich-stilistischen Gestaltungsmittel

Im Dialog lässt sich der Statusunterschied zwischen den beiden Beteiligten auch an ihrer Sprachverwendung zeigen. So hat der Hauptmann, zumindest im ersten Teil des Dialogs, den größeren Redeanteil inne. Er beginnt das Gespräch, bestimmt die Themen und monologisiert mit Vorliebe, um seinem Bedürfnis nach Selbstdarstellung und Selbstbestätigung Genüge zu tun. Seine Aussagen bestehen neben „Ich"-Botschaften und Appellen an Woyzeck aus Reflexionen über „Ewigkeit" und „Moral", leeren Worthülsen, die sich in Wiederholungen und Tautologien erschöpfen. Grammatikalisch ist die Sprache des Hauptmanns weitgehend korrekt; neben Aufforderungen an Woyzeck überwiegen hypotaktische Sätze in Hochdeutsch. Sein phrasenhaftes Philosophieren über die Zeit zeigt, dass der Hauptmann sich seiner Vorrangstellung gegenüber „Ungebildeten" wie Woyzeck bewusst ist. Für ihn ist Sprache ein Mittel, Macht zu demonstrieren und sich auf diese Weise selbst in Szene zu setzen. Mit seinem Witz vom Wind aus *„Süd-Nord"* stellt er Woyzecks Naivität und Unwissenheit bloß und nutzt die Gelegenheit, um den Untergebenen lächerlich zu machen.

Die Sprache Franz Woyzeck ist demgegenüber im ersten Teil der Szene sehr viel einfacher. Er antwortet auf die Fragen und Appelle des Hauptmanns zunächst lakonisch und formelhaft lediglich mit *„Jawohl, Herr Hauptmann".* Offenbar ist Woyzeck gedanklich nicht ganz bei der Sache, scheint zu sehr mit sich und seinen Problemen beschäftigt, um sich auf eine Konversation einzulassen. Die Themen, die der Hauptmann anbietet, betreffen ihn nicht. Woyzecks Gemütszustand spiegelt sich in seiner Sprache wider, die durch Einsilbigkeit, Brüche und Verkürzungen gekennzeichnet ist.

Im zweiten Teil der Szene verschieben sich die Redeanteile. Woyzecks Äußerungen, um sich zu rechtfertigen, nehmen mehr Raum ein und sind syntaktisch wesentlich komplexer als am Anfang. Zunächst zitiert er aus der Bibel, die ihm vertraut ist, und beruft sich auf Gott, der alle Kinder annehme, gleichgültig, wer ihre Eltern sind. Seine Sprache ist nun lebendig, er verwendet zur Verdeutlichung seines Standpunktes kraftvolle Bilder: *„Ich glaub', wenn wir in Himmel kämen, so müssten wir donnern helfen."*

Der Hauptmann ist verwundert über Woyzecks Aussagen und weiß auf dessen schlüssige Argumentation keine Antwort. Er beharrt auf seiner Position, indem er Woyzeck in der dritten Person wiederholt darauf hinweist, dass jener ihm sozial untergeordnet sei: *„Wenn ich sag': Er, so mein' ich Ihn, Ihn [...]".* Darüber hinaus hat der Hauptmann seinem Burschen Woyzeck nichts entgegenzusetzen. Ohne weiteres Argument beendet er die Auseinandersetzung – nun auch in deutlich einfacherer Sprache als zu Beginn der Szene- mit dem Hinweis auf seine angegriffene Konstitution. Er entlässt seinen Untergebenen nicht ohne seine Ermahnungen vom Anfang zu wiederholen, gesteht ihm aber herablassend zu, dass er trotz seines „unmoralischen" Lebendsstils *„ein guter Mensch"* sei.

III. Interpretation der Szene

Woyzecks Argumentation in diesem Dialog zeigt, dass er sehr wohl in der Lage ist, seine Situation zu erkennen, zu reflektieren und in verständliche Worte zu fassen. Er hat verstanden, dass sein Leben anders verlaufen wäre, wenn er aus einer anderen Gesellschaftsschicht stammen würde. Denn wer über die materiellen Voraussetzungen verfügt, sich ein „gutes" Leben leisten zu können, für den ist es auch leichter, ein „guter Mensch" zu sein, das heißt bürgerlichen Wertvorstellungen zu entsprechen. Wessen Hauptaufgabe aber darin besteht, das bloße Überleben zu sichern, der hat eben nur seine „Natur", für den bleibt „moralisches" Verhalten etwas Unerreichbares. In diesem Sinne ist auch Woyzecks Schlüsselaussage zum Verhältnis zwischen Freiheit und Notwendigkeit zu verstehen:

„Ja, Herr Hauptmann, die Tugend [...]. Sehn Sie: wir gemeine Leut', das hat keine Tugend, es kommt einem nur so die Natur; aber wenn ich ein Herr wär' und hätt' ein' Hut und eine Uhr [...] und könnt' vornehm rede, ich wollt' schon tugendhaft sein."

Demgegenüber erweist sich der abstrakte, von gesellschaftlich-materiellen Bedingungen absehende Moralbegriff des Hauptmanns, den dieser diffus und ohne argumentativen Zusammenhang in den Raum stellt, als inhaltlich nicht fundiert.

Die primäre Funktion der Szene besteht darin, zu demonstrieren, dass moralische Werte für das Handeln der Menschen keine universelle Gültigkeit besitzen: Seitens des Hauptmanns sind sie nichts als instrumentalisierte, hohle Phrasen zur Legitimation von Herrschaft.

Wenige Jahre nach der Weimarer Klassik, die moralische Autonomie und Wahrhaftigkeit als den Inbegriff humaner Werte ansieht, steht Büchners Antiheld Woyzeck damit für eine Dramenkonzeption, die sich vom Streben nach dem idealen Leben abwendet und den Blick auf die gesellschaftliche Wirklichkeit richtet.

Weiterführende Literatur u.a.:
Bernhardt, Rüdiger: Erläuterungen zu Georg Büchner. Woyzeck, C. Bange Verlag
Schede, Hans-Georg: Lektüreschlüssel Georg Büchner. Woyzeck, Reclam

Internet u.a.:
www.wikipedia.de
www.digitale-schule-bayern.de

Textbaustein Woyzeck

Thema: